MARCO POLO

Dein Insider-Trip

PFALZ

Besondere Erlebnisse – von entspannt bis rasant

Inhalt

Die Klassiker reloaded

Altbekanntes ganz neu erleben

8 **Pfälzer Tröpfchen:** Wo Wein nicht nur im Glas entspannt

10 **Bei den Roten Teufeln:** Zum Brunchen ins Fritz-Walter-Stadion

12 **Am Rhein will ich sein:** Per Rad dem Strom auf die Pelle rücken

14 **Lust auf Weiß?** Dem Donnersberg den Buckel runterrutschen

16 **Zwischen Mandeln wandeln:** Pfälzer Kerne für alle Sinne

18 **Schöne Schweinerei:** Der Saumagen erfindet sich neu

20 **Hart an der Grenze:** Mal kurz nach Frankreich hüpfen

22 **Heilige Hallen:** Eine Burg für dich allein

24 **Legenden jagen:** Auf der Suche nach der Elwedritsch

26 **Höhenunterschiede:** Speyerer Dom von unten nach oben

Die Leckerbissen

Verführerisches von süß bis deftig

30 **Oh lala:** Französisch schlemmen im Grenzgebiet
32 **Mit Sahnehäubchen:** Im Laden der Pfälzer Cupcake-Fee
34 **Kugelrunde Sache:** Dampfnudelvariationen
36 **Sauer macht glücklich:** Wo Essig zur Delikatesse wird
38 **Spezialgewächse:** Zwischen Feigen und Edelkastanien
40 **Pfälzer Spirit:** Kreativ und hochprozentig
42 **Durch die Region shoppen:** Ein Hofladen für alle Fälle
44 **Kommt ein Diner angeschippert:** Hausmannskost aus Übersee
46 **Heiße Aromen:** Schnupper dich durch Pfälzer Tee
48 **Brot tut not:** Selbst backen im Mietbackhaus oder in der Mühle
50 **Schmecken lernen:** Ganz tief eintauchen in die Welt des Weins
52 **Vergessenes Paar:** Wenn Zwetschge und Kartoffel sich küssen
54 **Hopfen und Malz:** Denn die Pfalz kann auch Bier
56 **Edle Spitzen:** Ein Tag für Spargel-Gourmets

Die kreativen Orte

Kunst & Kultur von gediegen bis hip

60 **Kunst an der Luft:** Max Slevogts Lieblingsorte erwandern
62 **Schmökern am Baum:** Der offene Waldbücherschrank
64 **Textile Liebeserklärungen:** Pfalz zum Anziehen
66 **Rocken unterm Kuppeldach:** Showtime im Planetarium
68 **Sommernächtlich:** Kino unterm Sternenhimmel
70 **Die Kelten sind los!** Im Freilichtmuseum am Donnersberg
72 **Heiße Sohlen:** Im größten Schuhdorf der Welt
74 **Wieso, weshalb, warum?** Naturgesetze kreativ erklärt
76 **Pfälzer Broadway:** Auf den Bühnen der Region
78 **Schauplatz-Spektakel:** Kultur in Burg- und Festungsmauern
80 **Kunst für alle:** Im Museum das Schöne im Alltag entdecken
82 **Talentschmiede:** Impro & Offene Bühne im alten Weingut
84 **Als die Pfalz noch am Äquator lag:** Erdgeschichte im Urweltmuseum
86 **Ungeahnte Fähigkeiten:** Neues lernen in der Kreativ-Werkstatt
88 **Wo ist das Vögelchen?** Reise an den Ursprung der Aufnahmen

Die wilde Seite

Gas geben und Spaß haben von sportlich bis mutig

92 **Über Bäume sausen:** Zipline-Panoramen im Pfälzerwald

94 **Mit 120 Sachen!** Auf Achterbahnen in die Tiefe rauschen

96 **Allez, hop!** Zum Rutschen über die Grenze hüpfen

98 **Am Felsen hängen:** Zum Klettern im Pfälzerwald

100 **Wilde dunkle Zeiten:** Ein Rittermahl auf Burg Berwartstein

102 **Überm Urwald:** In den Baumwipfeln wandern

104 **Mayday!** Astronaut, Pilot und U-Boot-Kapitän an einem Tag

106 **Wandern in schnell:** Beim Trailrunning Tempo machen

108 **Der Kobra in die Augen schauen:** Im größten Reptilienzoo Deutschlands

110 **Spritzige Mutprobe:** Mitten im Wald vom 10er springen

112 **Temposucht:** Adrenalin jagen auf der Kartbahn

114 **Ab ins Innere der Erde:** Sich wie ein Bergmann fühlen

116 **Rollen lassen:** Auf dem Mountainbike durchs Gelände

118 **Fliegen lernen:** Im Trampolinpark durch die Luft wirbeln

120 **Farbenschlacht:** So richtig auspowern beim Paintball

Die ruhigen Ecken

Entspannen von minimalistisch bis luxuriös

124 **Immer der Muschel nach:** Auf dem Pfälzer Jakobsweg

126 **Urwaldgefühle:** Mit dem Kanu durchs Glantal gleiten

128 **Erster!** Frühschwimmen unter Burgmauern

130 **Tour de Pfalz:** Unterwegs mit der Draisine

132 **Pfälzer Dampf:** Abschalten in der Rieslingsauna

134 **Pfälzisch Kanada:** Auf Entdeckungstour am Eiswoog

136 **Mach mir den Baum!** Beim Yogawandern im Wald

138 **Konichiwa!** Im größten Japanischen Garten Europas

140 **Auf Waldsafari:** Luchse und Rotwild besuchen

142 **Vergessene Welt:** Am Altrhein hat die Natur übernommen

144 **Einfach leben:** Entschleunigung im Freilichtmuseum

146 **Ich bin raus:** Wildcampen ganz legal

148 **Krieg und Frieden:** Ein Spaziergang in der area 1

150 **Gipfelglück:** Durchatmen über den Wipfeln des Waldes

152 **Tour zum Kratersee:** Stiller Vulkan am Pechstein

Das pralle Leben

In Feierlaune das ganze Jahr

156 Von wegen Provinz: Bass im Bauch bei Rock im Hinterland
158 Flüssige Sonnenstrahlen: Sommer in der Strandbar
160 Voller Kalender: Wo der Pfälzer Wein gefeiert wird
162 Kufenparty: Durch die Eisnacht tanzen
164 Feiern wie ein Ritter: Festivals vor Mittelalterkulissen
166 Einfach stilvoll: Schnieke Bars mit guten Drinks
168 Tischlein deck dich: Am längsten Esstisch der Pfalz
170 Keine Regeln: Zum Jazz-Frühshoppen
172 Entspannter Ausklang: Weihnachten in Stadt und Wald

Mix & Match

Mach dein eigenes Ding

176 Kurzurlaub: In zwei Tagen besonders viel erleben
178 Auszeit: Ein herrlich entspannter Tag
179 Weltreise: Exotische Orte ganz nah
180 Kinderkram: So werden die Kleinen glücklich
181 Sauwetter: Wo es bei Regen besonders schön ist

Dies & Das

Karten, Register & mehr

184 Karten
188 Register
190 Impressum
191 Autorin
192 Bloß nicht!

Wein, Saumagen und der Dom zu Speyer – so kennst und liebst du die Pfalz. Und echte Klassiker werden auch niemals langweilig. Schau um die Ecke, nimm eine andere Perspektive ein, such die geheimen Orte und neuen Interpretationen. Und huch: Ist da schon ein neuer Klassiker im Anmarsch?

Die Klassiker reloaded

Altbekanntes ganz neu erleben

Pfälzer Tröpfchen Wo Wein nicht nur im Glas entspannt

→ **Auf dem Pfälzer Weinsteig: Hier wachsen sie also, die guten Tropfen**

An den schier unendlichen Reben reift einer der vielen wunderbaren Jahrgänge des Landes. Und den gibt's auf dem *Pfälzer Weinsteig* nicht nur zu probieren, sondern auch zu erwandern. Auf 172 km führt der Fernwanderweg von Bockenheim im Norden an die französische Grenze, durch große Teile der 23 000 ha Rebflächen, die die Pfalz in Sachen Weinanbau zur Nummer zwei in Deutschland machen. Riesling wächst hier so viel wie nirgendwo sonst auf der Welt – erleben kannst du ihn kaum wo schöner als mit dem Rucksack auf den Schultern und in der Nase kitzelnden Sonnenstrahlen. Ein Dutzend Tagesetappen brauchst du, wenn du dir die gesamte Strecke vornimmst – wer abkürzen mag, steigt in Bad Dürkheim, Deidesheim oder Annweiler ein.

INSIDER-TIPP
Wein auf der Haut

Unterwegs kannst du hier und da auch einen Gang zurückschalten. Im Spa des Viersternehotels *Wiedemann's* in St. Martin gibt's »Weintherapien« der etwas anderen Art: vom Rieslingbad bis zur Massage mit Traubenkernöl. Oder willst du mal den Entspannungsfaktor eines Weinfasses testen? Dann nichts wie raus in die Weinberge rund um Niederhorbach, wo dank der *Pfälzer Strandkörbe* – zu Strandkörben umgebaute Weinfässer – ein bisschen Strandfeeling aufkommt. Das Meer aus Reben ist schon da – was du aus dem Urlaubstag machst, bleibt dir überlassen.

1. **Pfälzer Weinsteig • Wandereinstieg am Haus der Deutschen Weinstraße: Weinstr. 91b, 67278 Bockenheim • deutsche-weinstrasse.de**

2. **Wiedemann's Weinhotel • Einlaubstr. 62–66, 67487 St. Martin • wiedemanns-weinhotel.de**

3. **Pfälzer Strandkorb • Wanderweg Wein & Natur, 76889 Niederhorbach**

Bei den Roten Teufeln
Zum Brunchen ins Fritz-Walter-Stadion

Manchmal wäre es ja wirklich verlockend, durch die Zeit reisen zu können. Vielleicht zu den Tagen im Juni 2006, als im *Fritz-Walter-Stadion* bei den Vorrundenspielen der WM in Deutschland Menschen aus aller Welt gemeinsam feierten. Oder zum euphorischen 2. Mai 1998, als dem 1. FC Kaiserslautern das bis heute nicht wiederholte Wunder gelang, als Aufsteiger direkt die Deutsche Meisterschaft zu gewinnen – eine goldene Zeit für den Traditionsverein, dessen Fans ihm nach wie vor treu sind.

← Roter Teufel und Fritz Walter – zwei Idole am »Betze«

Solange die Zeitmaschine fehlt, muss eben die Fantasie herhalten. Oder die Tatsache, dass man auch abseits der Spieltage in Kaiserslautern an festen Terminen am Betzenberg vorbeischauen kann. Dann lässt du den Blick über die leeren Stuhlreihen schweifen und rufst einfach die Bilder von früher vor deinem inneren Auge auf. Vielleicht sogar noch aus der Zeit des großen Kaiserslauterner Fußballhelden Fritz Walter? Seit 1985 ist der frühere Nationalspieler, der 1954 zur legendären deutschen Weltmeister-Elf gehörte, Namenspate des Stadions.

Zurück im Hier und Jetzt: Den großen Fußballtempel, durch den man von Experten zu Club und Spielstätte geführt wird, musst du dir nur mit einer Handvoll Menschen teilen. Als Abschluss der Führung wartet in der VIP-Lounge ein Brunch-Buffet der FCK-Gastronomie mit duftendem Kaffee und einer herrlichen Frühstücksauswahl auf dich. Und wer weiß, vielleicht träumt man ja beim Schlemmen auch ein wenig von einer Zeitmaschine, die einen in die Zukunft bringt: in eine Zeit, in der euphorische Fans auf voll besetzten Rängen wieder den Aufstieg der Roten Teufel in die Zweite oder gar die Erste Bundesliga bejubeln.

4 **Fritz-Walter-Stadion • Fritz-Walter-Str. 1, 67663 Kaiserslautern • fck-gastronomie.de • Führung inkl. Brunch: 34 Euro**

Am Rhein will ich sein
Per Rad dem Strom auf die Pelle rücken

Wer nah am Wasser bleibt, ist auch gleich mittendrin in der Natur. Und stellenweise eben auch im Industriealltag, der die östliche Pfalz dank ihrer Wasserstraße seit Jahrhunderten prägt. Rad- und Spazierwege führen am Rhein entlang mitten durch die vielseitige Gegend, direkt am Ufer, von wo aus du großen Containerschiffen hinterherwinken und dich dank Möwenrufen in der Luft fast ans Meer träumen kannst. Ob einer der großen Lastkähne dich vielleicht einfach mitnehmen kann?

↓ Radtour mit Aussicht – immer schön am Rhein entlang

Falls nicht, schwing dich doch einfach aufs Rad und folge dem Strom flussabwärts, etwa ab *Leimersheim* ganz im Südosten der Pfalz. Immer am Hauptstrom entlang oder hin und wieder in

Schleifen an den Naturidyllen am Altrhein vorbei kommt man von hier aus relativ geradewegs Richtung Norden. Über Germersheim und Speyer geht's nach Ludwigshafen, wo sich das Naturidyll schnell zwischen Hafencharme und Industriebauten verkrümelt und erst beim genauen Hingucken wieder zu erkennen ist.

Einen spannenden Einblick in den Alltag am Hafen gibt's – am nördlichen Ende der Pfalz angekommen – bei einer der verschiedenen Rundfahrten der *Kurpfalz Personenschifffahrt*. Die führen durch die Hafenviertel der Schwesternstädte Ludwigshafen und Mannheim, wo allein auf Pfälzer Seite jährlich immerhin knapp 7 Mio. t Güter umgeschlagen werden. Um zum Startpunkt der Schiffstouren an der Mannheimer Kurpfalzbrücke zu kommen, querst du nur fix den Rhein und bist dem mächtigen Fluss im Nullkommanix näher denn je.

5 **Leimersheimer Altrhein • Rheinstr., 76774 Leimersheim**

6 **Kurpfalz Personenschifffahrt • Kurpfalzbrücke, 68167 Mannheim • kurpfalz-personenschiffahrt.de • Schiffstour: ab 11 Euro**

Lust auf Weiß? Dem Donnersberg den Buckel runterrutschen

← Selten, aber oho: Winterwunderland am Donnersberg

In einer der wärmsten Regionen des Landes ist das mit dem Schnee ja so eine Sache. Aber wenn sich der Winter dann doch mal breitmacht, wird aus dem Wanderhotspot in der Nordpfalz für wenige Tage im Jahr eins der am besten gehüteten Wintersport-Geheimnisse Deutschlands. Glaubst du nicht? Dann hol doch einfach mal die Langlaufskier aus dem Keller und überzeug dich selbst.

Der 8 km lange Rundweg, für den die Mitglieder des Skiclubs bei genügend Schnee die Loipen spuren, startet an der Keltenhütte unweit des höchsten Punkts des *Donnersbergs*. Von hier aus geht's erst mal ein Drittel der Strecke entspannt bergab, bevor gute 170 Höhenmeter Anstieg zu überwinden sind. Na, bist du ordentlich aus der Puste? Dann hat sich die Überraschungs-Trainingseinheit ja gelohnt. Und der Muskelkater am nächsten Tag erinnert dich daran, dass das alles nicht nur geträumt war.

Alternativ kannst du dem König der Pfalz hier oben aber auch ganz einfach gepflegt den Buckel runterrutschen. Dann geht's mit Schlitten im Gepäck rauf auf den Gipfel. Und weil das Nordpfälzer Bergland wenig mit den Alpen gemein hat, ziehen hier keine Lifts die Besucherströme rauf, sondern es geht vom Parkplatz (immer schön die Parkverbote beachten!) grundsätzlich per pedes bergauf. Aber Bewegung kann schließlich auch dabei helfen, dass man keine kalten Füße bekommt – und den Spaß an der Abfahrt, bei der dir die kühle Winterluft um die Nase weht, hast du dir damit erst recht redlich verdient.

7 **Donnersberg • 67814 Dannenfels**

Zwischen Mandeln wandeln Pfälzer Kerne für alle Sinne

← Ganz schön riesig – und zauberhaft – ist die Mandelplantage in Freinsheim

Sehen, riechen, schmecken, fühlen – in der Pfalz ist so einiges, was wächst, ein echtes Erlebnis. Tausende Mandelbäume, die vor allem im Frühjahr zur Zeit der Mandelblüte ein herrliches Bild abgeben, machen da keine Ausnahme. Als Wanderer auf dem *Pfälzer Mandelpfad* tauchst du ein ins rosa Blütenmeer, schaust der Natur beim Erwachen zu und erlebst die Region von einer ihrer schönsten Seiten. Der Fernwanderweg zwischen Bockenheim und Schweigen-Rechtenbach eignet sich auch für einen kleinen Tagesausflug.

Kreative lokale Erzeuger sorgen dafür, dass die Pfälzer Mandel nicht nur optische Akzente setzt. Die *Brennerei Göring* in Edenkoben beispielsweise verarbeitet neben etlichen spannenden Zutaten wie Spargel, Kastanie oder Weintraubentrester auch Mandeln und Mandelblüten zu feinen Likören, die du im Laden der Brennerei probieren und kaufen kannst.

INSIDER-TIPP
California Dreaming

Für Mandelprodukte, die übers Flüssige hinausgehen, lohnt sich ein Besuch auf der größten Mandelplantage der Pfalz, dem Freinsheimer *Mandelhof*. Hier kannst du im Schatten der Bäume durch die von kalifornischen Mandelplantagen inspirierten Anbauflächen spazieren und danach im Hofladen zuschlagen. Neben frischen und verarbeiteten Mandeln gibt's hier auch hausgemischte Müslis, Trockenfrüchte, Essig und Brotaufstriche.

8 **Pfälzer Mandelpfad • Einstieg z. B. an der Stadtmauer Wachenheim • 67157 Wachenheim • mandelbluete-pfalz.de**

9 **Brennerei Göring • Blücherstr. 45, 67480 Edenkoben • brennerei-goering.de**

10 **Mandelhof • Holzweg 2a, 67251 Freinsheim • mandelhof-freinsheim.de**

Schöne Schweinerei
Der Saumagen erfindet sich neu

→ **Saumagen als Füllung von Cannelloni, Maultaschen und Co.? Warum nicht!**

Marketingtechnisch hat's der Saumagen echt nicht leicht: urtümlich und wenig schmeichelhaft im Namen, auf den ersten Blick etwas undurchsichtig in der Herstellung, und kulinarische Hingucker stellen sich Viele auch anders vor. Letztlich ist die Mischung aus Schweinefleisch, Brät und Kartoffeln aber wirklich nicht weniger als eine richtig leckere, knusprig gebratene kulinarische Innovation, die viele andere Klassiker in puncto Aroma in den Schatten stellen kann. Nachhaltig und oft nach uraltem Familienrezept produziert wird der Saumagen noch dazu.

Was freilich nicht dagegenspricht, dass der Pfälzer Saumagen immer wieder neu erfunden wird, etwa von jungen Gastronomen wie den Betreibern des *Schwarzen Fuchses* in Annweiler. Im alten Forsthaus darf das Traditionsgericht nicht auf der Karte fehlen, kreativ umgesetzt ist der Saumagen hier allerdings in Form von Salat oder als Burgerpatty Publikumsliebling. Dazu gibt's hausgemachte Pommes und Wein vom Lieblingswinzer aus der Region.

Brauchtum und Moderne verbindet auch die Wachenheimer *Metzgerei Hambel*, bei denen du Saumagen im Laden kaufen und im Restaurant probieren kannst. Die Betreiber haben sich auf die Klassiker der Pfälzer Wurstküche spezialisiert und setzen sie umso variantenreicher um. Den Saumagen gibt's hier als Bratwurst und Füllung von Cannelloni, Cordon bleu und Maultaschen. In seiner klassischen Form ist er hier neben der traditionellen Zubereitung auch schon mal mit Schafskäse, grünem Pfeffer oder Trüffel verfeinert.

INSIDER-TIPP
Tradition auf Weltreise

11 **Schwarzer Fuchs • Forsthaus Annweiler 1, 76848 Annweiler a. Trifels • forsthaus-annweiler.de**

12 **Metzgerei Hambel • Hintergasse 1, 67157 Wachenheim • hambel.de**

Hart an der Grenze
Mal kurz nach Frankreich hüpfen

Über nahezu 100 km zieht sich die französische Grenze entlang der Landschaften der Pfalz. Und mit ihr: 100 Möglichkeiten, einfach mal kurz nach Frankreich zu hüpfen, wo in den Bäckereien frische Croissants und Éclairs, an deutschen Feiertagen offene Geschäfte und in den Restaurants Spezialitäten warten.

Zum Erwandern der Trennlinie führt ab Nothweiler ein Wanderweg auf die Schwelle von Pfälzerwald und Nordvogesen. Start des *Grenzgängerwegs* ist der Wanderparkplatz südlich von Nothweiler: Mehr als 7 km weit geht's von hier vorbei an Grenzsteinen, atemberaubenden Burgblicken und Sandsteinformationen. Ein ganzes Stück führt der Weg durch Frankreich, bevor er am Kappelstein wieder die Trennlinie quert, die dank der EU heute hier oben vor allem eines ist: reine Formsache. Ganz entspannt bringt dich die Bahn stündlich von Steinfeld, Kapsweyer oder Schweighofen in unter zehn Minuten nach Wissembourg. In der hübschen Innenstadt genießt du jeden Samstagvormittag in Straßencafés und auf dem Wochenmarkt französische Lebensart.

Du willst Frankreich in nur einem Steinwurf erreichen? Dann ab nach Scheibenhardt. Hier trennen nur die Lauter und ein fehlendes »T« die Schwesterngemeinden Scheibenhardt und Scheibenhard, die *Lauterbrücke* verbindet die Hauptstraße auf der deutschen Seite mit der Rue des Tirailleurs Tunisiens auf der französischen. Etwas westlich der Orte liegt auf deutscher Seite mit dem Bienwald ein kleines Naturparadies. Hier kannst du am Grenzfluss entlangschlendern und die Natur genießen.

← **Elsässisches Bilderbuchstädtchen: das an der Lauter liegende Wissembourg**

INSIDER-TIPP
La joie de vivre

13 **Grenzgängerweg • Wanderparkplatz Lembacher Str., 76891 Nothweiler**

14 **Lauterbrücke • Hauptstr., 76779 Scheibenhardt**

Heilige Hallen Eine Burg für dich allein

→ **Hat mit Maden gar nichts zu tun: Der Name der Madenburg leitet sich wohl von »Maid« ab**

Ein Königreich für diesen Ausblick! Wenn du hoch oben auf der *Burgruine Drachenfels* stehst und dich am 360-Grad-Ausblick auf den Pfälzerwald und das benachbarte Elsass erfreust, könntest du beinahe vergessen, dass die mächtige Burg seit fast 500 Jahren Geschichte ist. 1523 zerstört, gilt sie eher als einer der Geheimtipps der burgenreichsten Region des Landes. Umso schöner kannst du hier oben die Stille genießen. Oder vielmehr das herrliche Rauschen des Windes in den Baumwipfeln, die von der Treppe zur höchsten Stelle der Ruine fast zum Greifen nah sind.

Klar sollte man Klassiker wie Trifels oder Hambacher Schloss gesehen haben – gerade in ihrer Nähe lohnt sich aber auch ein Blick auf die Orte, die die Touristenmagneten oft ein bisschen in den Schatten stellen. So geht es etwa einer der größten und ältesten Burgen der Pfalz: Die *Madenburg* südwestlich von Eschbach liegt nur wenige Kilometer Luftlinie vom berühmten Trifels entfernt. Mit 180 m Länge ist sie eine der beeindruckendsten Höhenburgen der Pfalz, die in etlichen mittelalterlichen Kriegen immer weiter zerstört worden ist und dennoch heute eine ganze Menge zu erzählen hat.

Etwas abgelegen von den dicht an dicht liegenden Burganlagen im Süden ist die im Norden der Pfalz gelegene *Schlossruine Nanstein* oberhalb von Landstuhl ein kleines Unikum in ihrer Region. Dafür schafft sie einen unvergleichlichen Logenblick übers Nordpfälzer Bergland, der obendrein bequem mit dem Stadtbus zu erreichen ist.

15 **Burgruine Drachenfels • 76891 Busenberg**

16 **Madenburg • 76831 Eschbach • madenburg-pfalz.de**

17 **Schlossruine Nanstein • 66849 Landstuhl • landstuhl.info**

Legenden jagen
Auf der Suche nach der Elwedritsch

← Gibt's nur in der Pfalz: die Elwedritsch

Trolle, Kobolde, Elfen und Riesen – zwischen Pfälzerwald und Reben stiehlt die Pfälzer Elwedritsch ihnen allen die Show. Einer Legende zufolge ist die Art aus Hühnern, Gänsen und Enten hervorgegangen, die ein Gewitter einst zu den Märchenwesen in den Wald getrieben hatte. Kaum Nachwuchs gezeugt, setzte sich die überlegene – weil urpfälzische – Art durch und übernahm den Wald, gilt gar als eines der meistgejagten Wesen der Pfalz. Wie die Elwedritsch entstanden ist, wissen heute fast nur noch Wissenschaftler. Wie sie ungefähr aussieht, das weiß dank des berühmten Brunnens in der Neustädter Innenstadt aber fast jeder.

Zum echten Experten wirst du aber erst, wenn du die »bestia palatinensis« in ihrem natürlichen Habitat besuchst. Sprich: ab in den Wald! Vom Kurpark der südpfälzischen Stadt Dahn aus begleitet dich das Fabelwesen auf Infotafeln und gut sichtbaren Wegmarkierungen auf einer herrlichen Wanderung: An Bächen und Felsen vorbei geht's rein in den Pfälzerwald zu Aussichtspunkten und Naturmomenten. Der Weg führt bis zum Friedhof durch die Stadt und dann über den Lachberg zum Römerfelsen. Unterwegs Richtung Bubenfelsen und Jungfernsprung hast du immer wieder tolle Ausblicke auf die Burgruine Neudahn und die im Tal gelegene Stadt und Bahnlinie. Und wer weiß, vielleicht zeigt sich die scheue Elwedritsch hier oben sogar mal wirklich?

Unterwegs nähert sich der 9,5 km lange *Elwedritsche-Rundwanderweg* auch immer wieder anderen Sagen und Legenden über gruselige Raubritter, mutige Jungfrauen und treu ergebene Wachleute. Vom Weg abkommen und Augen offen halten lohnt sich also: Wo's von Abenteuergeschichten nur so wimmelt, kann man auch ohne Schwierigkeiten selbst welche erleben.

18 **Elwedritsche-Rundwanderweg • Kurpark, 66994 Dahn • dahner-felsenland.net**

Höhenunterschiede
Speyerer Dom von unten nach oben

→ **Da oben irgendwo ist es, dein Ziel beim Rundgang durch den Speyerer Dom**

Ein bisschen unheimlich ist es hier unten ja schon. Im flackernden Licht von Kerzen liegen die Kaisergräber in ehrfürchtiger Stille – mit Heinrich III., Heinrich IV. (der mit dem berühmten Gang nach Canossa) und Heinrich V. sind hier immerhin drei besonders prägende deutsche Kaiser begraben. Und die kühle Luft hier unten kann schon mal dafür sorgen, dass einem ein Schauer über den Rücken läuft. Die Krypta ist einer der ältesten Teile der Kathedrale, 1041 wurde sie – 20 Jahre vor dem eigentlichen *Speyerer Dom* – geweiht; bis heute gehört sie zu den Besuchermagneten der größten erhaltenen romanischen Kirche der Welt.

Ist ja auch irgendwo logisch, den Rundgang von unten nach oben dort anzufangen, wo erst mal nur wenige Stufen zurück in den aufwendig gestalteten Kirchenraum zurückführen. Da lohnt es sich immer wieder aufs Neue, ganz in Ruhe die jahrhundertealten Kunstwerke zu bestaunen, bevor es für die Tickets zum Turmaufstieg nochmal raus in den Domgarten geht.

INSIDER-TIPP
Stairway to Heaven

Dann startet der anstrengende Teil der Erkundungstour, der einen einmal vertikal durch das beeindruckende Bauwerk führt. So lernt man zu schätzen, wie vor fast 1000 Jahren ohne Baukräne und elektrische Hilfsmittel ein architektonisches Wunder erschaffen wurde. 90 Stufen führen erst in den Kaisersaal mit seinen kunstvollen Deckenfresken, bevor dich nochmal rund 220 weitere Stufen auf die knapp 55 m hohe Aussichtsplattform bringen. Ob du danach aus der Puste bist? Sehr wahrscheinlich! Und falls nicht, bleibt dir spätestens beim sich oben bietenden Panorama über Rhein und Landschaft die Luft weg.

19 **Dom zu Speyer • Domplatz, 67346 Speyer • dom-zu-speyer.de**

Hat da jemand »Essen« gesagt? Na klar! Aber nur das leckerste und nur in der schönsten Umgebung. Geh auf Foodietour! Wo es den besten Flammkuchen gibt, überraschende Cupcakes und aromatischen Wein. Und danach ein Gläschen Pfälzer Whiskey?

Die Lecker bissen

Verführerisches von süß bis deftig

GÜNTER KESSLER
PFALZ

Oh lala Französisch schlemmen im Grenzgebiet

Es wäre ja seltsam, wären die kulinarischen Einflüsse des Nachbarn nicht früher oder später rübergeschwappt. Und die französische Küche solltest du dir die besser nicht entgehen lassen. Los geht's beim Flammkuchen, der heute auch in jeder Pfälzer Weinstube zu den Küchenklassikern zählt. Zelebriert wird er selten so wie im Herxheimer Flammkuchen-Restaurant *Mariannes Flammkuchen*, das nicht nur ein jährliches Flammkuchen-Wettessen veranstaltet, sondern sogar über 30 Variationen des knusprigen Teigbodens mit cremig-aromatischem Belag auf der Karte hat. Per Flammkuchen-Generator kann man sich auf der Website sogar eigene Variationen zusammenstellen.

← Süße Sünden à la française in der Pâtisserie Theodor

INSIDER-TIPP
Ganz nach deinem Geschmack!

Noch beeindruckender ist die große Kunst der Schokoladen- und Pralinenherstellung. Dieser widmet sich etwa die *Pâtisserie Theodor* in Landau, in der mit der legendären französischen Valrhôna-Gourmet-Schokolade kleine Kunstwerke entstehen. Beim Anschauen und Probieren staunst du hier gleich zweimal.

Für ein ganzes Menü aus französischen Klassikern lohnt sich ein Abstecher an den Rand des Pfälzerwalds nach Frankweiler. Dank Bouillabaisse, Austern und nach französischer Art zubereiteten Fleischgerichten fühlst du dich im *Robichon* wie Gott in Frankreich. Menüangebote nehmen dir die Qual der Wahl ab – und dann geht es einfach nur noch um Genuss!

1. **Mariannes Flammkuchen • Untere Hauptstr. 120, 76863 Herxheim • mariannes-flammkuchen.de**

2. **Pâtisserie Theodor • Marktstr. 88, 76829 Landau • patisserie-theodor.de**

3. **Robichon • Orensfelsstr. 31, 76833 Frankweiler • restaurant-robichon.de**

Mit Sahnehäubchen
Im Laden der Pfälzer Cupcake-Fee

← **Garanten für gute Laune: die Cupcakes der guten Fee Diana Heller**

Auf der Suche nach einem patentierten Wundermittel gegen schlechte Laune? Versuch's doch mal mit Cupcakes! Die fluffigen Törtchen mit zuckrigem Frosting bringen alles mit, was Sorgen und Kummer vertreiben kann: bunte Farben, kräftigen Geschmack, farbenfrohe Deko und – selbst wenn's Cupcakes in der eigenen Kindheit nie gegeben hat – irgendwie das Gefühl von Kindergeburtstag. An 365 Tagen im Jahr.

Ein perfekter Anlaufort für Fans der süßen Törtchen ist das hübsche Café der *Cupcake-Fee* Diana Heller mitten in der Innenstadt von Speyer. In ihrer Manufaktur entstehen fast täglich Hunderte von Cupcakes, die backfrisch in der herrlich bunten Auslage des bezaubernd eingerichteten Geschäfts landen. Allein der Besuch hier ist schon ein Ausflug in die Welt von Plüsch, Blümchentapeten und knalliger Deko. Altmodisch? Mitnichten! Bei den Geschmackskombinationen geht es recht revolutionär und modern zu. Rote-Bete-Papaya gehört zu den verwegensten Kreationen, an die sich Heller in den letzten Jahren herangetraut hat. Auf der Karte stehen inzwischen neben einem (häufig variierenden) gut sortierten Süßigkeitenregal, das von allerlei bekannten Erdnuss-, Milchcreme- und Karamellriegeln inspiriert ist, auch viele fruchtige Klassiker: Schwarzwälder Kirsche, Himbeere – worauf die Fee beim frischen Backen am Morgen eben Lust hatte. Die Überraschung gehört zur Experience.

Auch in Sachen Nachhaltigkeit ist die Chefin auf Zack. Um Lebensmittelverschwendung zu vermeiden, wandern Reste wie der für Füllungen ausgestochene Cupcake-Teig und fruchtige Soßen regelmäßig in Schlemmerbecher, die bei den Stammkunden der Renner sind.

INSIDER-TIPP
Von wegen von gestern!

4 **Cupcake-Fee • Grasgasse 4, 67346 Speyer • cupcake-fee.de**

Kugelrunde Sache
Dampfnudel-variationen

→ **Pfälzisches Soul Food: innen fluffig, unten knusprig**

Zum perfekten Hefeteig gehört neben Übung und dem richtigen Rezept auch eine ganze Portion Liebe – und von der steckt in der Pfälzer Dampfnudel eine geballte Ladung. Wer den frisch zubereiteten Hefekloß vorsichtig mit den Fingern auftrennt, das Aroma einatmet, das durch den Dampf in die Nase gewirbelt wird, versteht, warum eine Pfälzer Leibspeise vor einem steht. Der helle Teil, der mit Weinschaum- oder Vanillesauce zum süßen Leckerbissen wird, wird nur getoppt vom salzigen Krüstchen, das schön dunkel am besten schmeckt. Soul Food made by Oma, oder zumindest einem herausragenden Kochtalent.

Das findet sich dank der Foodtrucks von *Wolke 7* inzwischen vielerorts in der Pfalz – auf Wochenmärkten und Supermarkt-Parkplätzen der Region, zwischen Neustadt und der östlichen Südpfalz. Die Dampfnudeln gibt's hier entweder klassisch, vegan als Dinkeldampfnudel oder auf Vorbestellung auch mal herzhaft und kunterbunt mit Spinat, roter Bete oder Hanfsamen. Dazu gibt's neben den beiden klassischen Saucen für den größeren Mittagshunger eine wechselnde Auswahl an Suppen.

INSIDER-TIPP
Bringt Farbe ins Leben

Auch in der Altdorfer Weinstube *Spelzenhof* stiehlt die Dampfnudel gern mal allen anderen Gerichten – ebenso wie der fulminanten Kuchenauswahl – die Schau. Hier gibt's regelmäßig samstags ab 12 Uhr frische Dampfnudeln, ganz nach traditioneller Art mit Sauce oder Kartoffelsuppe. Kindheitserinnerungen auf dem Teller – und zwar die der allerbesten Sorte.

5 **Wolke 7 • Fahrplan des Foodtrucks unter wolke7dampfnudel.de**

6 **Spelzenhof • Hauptstr. 77, 67482 Altdorf • spelzenhof.com**

ROSENMOND
ESSENZIA DER LIEBE

Sauer macht glücklich Wo Essig zur Delikatesse wird

Wer die Tür zum Keller des Weinessigguts Doktorenhof hinter sich lässt, taucht ein in eine andere Welt. Flackerndes Kerzenlicht, erfrischend kühles Klima, das Klackern von Schritten auf dem uralten Steinboden und satter Essigduft in der Luft. Da drängt sich doch die Frage auf, ob die traditionellen Mönchsgesänge gerade wirklich aus den Lautsprechern kommen oder ob man sich das alles nur einbildet.

Wie viele kulinarische Geschichten in der Pfalz beginnt die Geschichte von Familie Wiedemann, die den *Doktorenhof* vor Jahrzehnten in seiner heutigen Form konzipiert hat, mit dem Winzerhandwerk. Und zumindest bei der Verarbeitung von Trauben ist man auch geblieben. Heute werden die allerdings nicht mehr hauptsächlich zu Wein verarbeitet, sondern gehen eine Stufe weiter – sie werden Essig. Und zwar einer, den man als Aperitif trinkt, als echte Delikatesse. Glaubst du nicht? Dann ab zur Wein- ... äh ... Essigprobe, die den Geschmacksknospen mal echte Abwechslung bietet. Verfeinert werden die gefühlt tausend Sorten, die man hier von bitter bis süß probieren kann, mit größtenteils regionalen Zutaten, sogar Safran baut die Betreiberfamilie in der Pfalz selbst an.

Den Besuch abschließen solltest du auf jeden Fall mit einer Führung ins Allerheiligste, den Keller, in dem Hunderte Liter des Rohprodukts lagern. Hier erhaschst du auch einen Blick auf eine über 100 Jahre alte Zutat. Und du erfährst bei den Rundgängen im Keller alles über die Herstellung – die Leidenschaft für den Essig springt spätestens dann über.

← Flüssiges Gold mal anders: Im Doktorenhof wird Essig zur wohlschmeckenden Wissenschaft

INSIDER-TIPP
Einfach mal abtauchen

7 Weinessiggut Doktorenhof • Raiffeisenstr. 5, 67482 Venningen • doktorenhof.de

Spezialgewächse
Zwischen Feigen und Edelkastanien

→ **Hat's in sich: Torte aus dem Hause Sixt**

Was die Edelkastanie und die Feige gemeinsam haben? Neben dem intensiven Aroma mit Sicherheit eine Vorliebe für Schönes. Sonst würden sie sich in den Landschaften der Weinstraße und des Waldrands ja nicht so pudelwohl fühlen, oder? Wer beide Früchte erleben will, braucht ein gutes Timing, dauern doch die Zeitfenster in Sommer und Herbst, in denen Feige und Edelkastanie Früchte tragen, jeweils nur einige Wochen.

Auf rund 50 000 Feigenbäume kommt die Pfalz, Tendenz dank heißer und trockener Sommer steigend, wobei die Feigenernte noch hauptsächlich über private Gärten und Plantagen erfolgt. Anders ist's bei den Pfälzer Keschden: Hier geht's getreu dem Motto »Selbst gesammelt schmeckt's am besten« ab in den Wald, z. B. in Neustadt. Dort startet direkt am Bahnhof der *Keschdeweg* Richtung Hambacher Schloss, wo du unterwegs am Haardtrand auf Schatzsuche gehen kannst. Der beste Monat dafür ist der Oktober, wenn dir die reifen Früchte förmlich entgegenplumpsen.

Wer beide Edelgewächse in verarbeiteter Form genießen will, schaut in der Saison im *Café Sixt* in Neustadt vorbei. Hier wurden Feigen und Keschden leckere Rezepte auf den Leib geschrieben, es gibt sie in Form von Torten und Pralinen. Die Neustädter Kunigundentorte vereint mit Feigen, Mandeln und Kastanien gar die ganze Pfälzer Geschmackspalette. Dank Kastanienmehl, Pfälzer Marzipan und haltbar gemachten Feigen gibt's die sogar das ganze Jahr.

INSIDER-TIPP
Die Sachertorte kann einpacken

8 **Keschdeweg • Bahnhofstr., 67434 Neustadt a. d. W. • keschdeweg.de**

9 **Café Sixt • Hauptstr. 3, 67433 Neustadt a. d. W. • cafesixt.de**

Pfälzer Spirit
Kreativ und hochprozentig

→ **Aroma und Optik – bei den edlen Bränden der Destillerie Sippel passt beides**

Dass leidenschaftliche Winzer gute Ideen und Lust auf Herausforderungen haben, kommt ja gar nicht so selten vor. Dass sie ein paar Jahre später für den besten Whisky Deutschlands ausgezeichnet werden – schon eher. Aber erzählen wir die Geschichte von vorn: Als Winzerfamilie mit über 350-jähriger Tradition verstehen sich die *Sippels* schon seit Generationen auf guten Wein, den richtigen Anbau und alles, was mit dem Winzer-Dasein zu tun hat. Da lag der Schritt zu Experimenten mit Tresterbränden nahe – und so hat sich Thomas Sippel nach und nach ein zweites Standbein erarbeitet und das Weinsortiment um allerlei Spirituosen erweitert. Schließlich kam der Whisky dazu, wenig später der Gin, die Marke Palatinatus war geboren.

Wer heute im Laden von Thomas und Sandra Sippel steht, der weiß gar nicht, wo er zuerst hingreifen soll. Vom Exotic Gin mit Mango- und Maracuja-Noten über den G*Ingwer bis hin zu einer Sinfonie von in unterschiedlichen Fässern gereiften Whiskysorten ist alles vertreten – mit Entstehungsgeschichte zu jedem Produkt, das so seine eigene Seele bekommt. Noch mehr zu allen Sorten, Bränden und Kreationen erfährst du bei den regelmäßigen Tasting-Events.

INSIDER-TIPP
Whisky-Stammtisch

Dir sind Whisky & Co. zu stark? Kein Problem! Auch im hausgemachten Likör, der meist weniger Umdrehungen hat, landet bei den Sippels inzwischen alles, was nicht niet- und nagelfest ist und obendrein am besten noch in der Pfalz wächst: Pfälzer Keschde, Feigen, Wildkirschen, Weinbergpfirsiche, Äpfel und Pfälzer Mandeln. Einmal alles, bitte!

10 **Destillerie Sippel • Bobenheimer Weg 2, 67273 Weisenheim am Berg • sippels.de**

MARULA
Palatinatus
BROMBEERE
PFEFFERMINZE
LIKÖR
Palatinatus
WHISKY
SAHNE
GURKE
MARACUJA
Palatinatus
WHISKY

Aus der Region, für die Region
Kulinarisches Haus
Pfälzer Bergland
Freches Früchtchen
Birne trifft Kiwi
Fruchtaufstrich
Kulinarisches Haus
Konken
„Lecker Mäulchen“
Gemischte Beeren
Fruchtaufstrich
Kulinarisches Haus
Konken

Cranberry Aperitif
Mango Aperitif Essig
Alle Öle & Essige
Sie möchten gerne probieren?
Sprechen Sie uns an

Durch die Region shoppen Ein Hofladen für alle Fälle

Eines ist in der Pfalz schon fast Gesetz: Der nächste Hofladen ist selten weiter als ein paar Hundert Meter entfernt. Da gibt es im Frühjahr Erdbeeren und Spargel, im Sommer frisches Obst, im Herbst Neuen Wein und saftige Äpfel und im Winter immerhin Eingekochtes, Säfte und Eier. Und zwar in solch einer Dichte, dass es sich in einigen Gemeinden kaum noch lohnt, zwischen den einzelnen Stationen wieder ins Auto einzusteigen. Der Weg ist das Ziel – und hält einiges an Entdeckungen bereit.

Wenn du trotzdem gern alles an einem Ort hast, lohnt sich ein Abstecher in die Westpfalz, wo im *Kulinarischen Haus* in Konken seit über zehn Jahren die Leidenschaft für richtig gutes Essen die Auswahl bestimmt. Hier gibt's ganz klassisch saisonale Obst-, Gemüse- und Kräutersorten, die auch regelmäßig zu Eingekochtem, Fruchtaufstrichen und Pestos verarbeitet werden. Hinzu kommen Gewürz- und Backmischungen für Kuchen, Muffins oder saftige Cookies. Honig, Back- und Wurstwaren aus Betrieben in der Region komplettieren das Sortiment.

Doch damit nicht genug, auch Flüssiges steht in den Regalen: eine ganze Auswahl an Weinen und Selbstgebranntem, Essigen und Ölen. Und weil das mit den Olivenbäumen in der Pfalz eher schwierig ist, haben sich die Macher des Kulinarischen Hauses auch ausgewählte Partner in Italien gesucht, die ihr Gold in Flaschen exklusiv hierher exportieren. Fest steht: Nach einem Besuch hier kannst du die nächsten Wocheneinkäufe locker auch mal noch um ein oder zwei Wochen verschieben.

← Von Fruchtaufstrichen bis Essig – im Kulinarischen Haus erwartet dich regionale Vielfalt!

11 Kulinarisches Haus • Hauptstr. 42, 66871 Konken • kulinarisches-haus.de

Kommt ein Diner angeschippert
Hausmannskost aus Übersee

→ **Yummy – ein Burger wie made in USA**

Es gibt Restaurants, da trittst du durch die Tür und bist von der ersten Sekunde an ganz weit weg. Ein legendäres Diner in Kaiserslautern schickt dich sogar mehrdimensional auf Reisen, erst durch die Zeit und dann auf die andere Seite des Atlantiks. Bereit für einen Ausflug ins New Jersey der Sechziger?

New Jersey ist im *Sam Kullman's Diner* ganz wörtlich zu verstehen: Es wurde im Werk eines Diner-Herstellers gebaut, der 1927 südlich von New York eben von einem gewissen Sam Kullman gegründet wurde. In vier Teile zerlegt ging es dann per Containerschiff und Schwerlasttransporter in die amerikanischste Stadt der Westpfalz. Was dazu führt, dass du vom ersten Moment an das Gefühl hast, in einer Filmszene von »Grease« oder »American Graffiti« gelandet zu sein.

Gekocht wird hier nach der Art und Weise, wie die amerikanischen Diner in ihrer Anfangsphase konzipiert waren: Fast Food ja, Junk Food nein. Der Zucker in den Shakes wird zwar auch nicht gesünder, der saftige Burger nicht auf einmal zur Vitaminbombe, aber man macht eben das Beste draus. Richtig gut statt Massenware, toll durchdachtes Konzept statt bloßer Jagd nach nostalgischen Seufzern. Zu den Burgern und Fries gibt's hausgemachten Cole Slaw und den Ketchup des Hauses. Absolute Getränkeklassiker sind neben Shakes auch Root Beer Floats mit Vanille-Eis. Daneben gibt's auf der Karte auch andere Klassiker, von Mac 'n' Cheese und Spareribs über Sandwiches zum Frühstück mit Pancakes. Authentisch von vorn bis hinten, die perfekte Illusion!

12 **Sam Kullman's Diner • Mainzer Str. 119, 67657 Kaiserslautern • kullmans.de/kaiserslautern**

THE

Heiße Aromen
Schnupper dich durch Pfälzer Tee

In Ruppertsberg muss man schon zweimal hinschauen. Weinberge und Obstplantagen ist man längs der Weinstraße ja gewöhnt. Aber was wächst hier denn Eigenartiges auf den Feldern? Na, Tee natürlich! Unweit von Deidesheim bauen die Gründer der jungen Marke *Schönfeld – Die Teegärtner* Kräuter für ihre bunten Mischungen an. Da liegen nicht nur Düfte in der Luft, sondern auch eine ganze Menge Innovation.

← Guter Tee ist viel Handarbeit – auf dem Feld wie in der Produktion

Mit gut 30 Sorten Kräutern sind eine ganze Menge Kombinationen möglich. Zu kaufen gibt's Mischungen wie die »Königin der Nacht«, die u. a. Schwarze Malvenblüte, Hopfen und Hanf vereint, oder »Smashin' Pumpkins« mit Kürbis, Thymian, Rosmarin, Zitronenmelisse und Oregano. Und Tees mit verschieden starken Schärfenoten, von Bloody Mary bis Bloody Hell. Spuckst du schon Feuer? Was hier in der Tüte landet, ist alles aus eigenem Anbau, alles selbst getrocknet – die Arbeit, die dahinter steckt, die Ideen und die Leidenschaft fürs Produkt, die schmeckst du einfach mit raus. Weil der Betrieb noch ganz klein ist, geht das Einkaufen aber nur online. Oder du nutzt die Möglichkeit, in den Läden und Supermärkten der Pfalz einfach ins Regal zu greifen und die Bestände aufzufüllen. Eine Liste der Händler findest du auf der Website der Teegärtner.

INSIDER-TIPP
Vom Feld in die Tasse

Daneben gibt's auch immer mal wieder die Gelegenheit, die Kräuterfelder in Ruppertsberg zu besuchen. Da wird dir dann erklärt, wieso manche Pflanzensorten hierzulande ganz schön selten sind, welche Aromen bestimmte Kräuter so besonders machen und wie der Tee überhaupt vom Feld in die Tasse kommt. Termine gibt's auf der Website; besonders schön ist's ab Ende Mai, wenn alles grünt und blüht.

13 **Schönfeld – Die Teegärtner • Mittelgasse 23, 67152 Ruppertsberg • schoenfeld-tee.de**

Brot tut not

Selbst backen im Mietbackhaus oder in der Mühle

→ **Brotbacken wie die Profis, das kannst auch du erlernen**

Der Trend zu Selbstgebackenem befeuert vielerorts die Nostalgie. In Bobenheim am Berg war man diesem Trend eine ganze Ecke voraus. Das 2002 nach historischem Vorbild gebaute Backhaus, das sich im Dorfkern versteckt, ist erst auf den zweiten Blick ein Hingucker – dann allerdings richtig, denn drinnen wartet eine Zeitreise. Wenn du den elektrisch betriebenen Ofen im *Bobenheimer Backhaus* nutzen möchtest, meldest du dich bei den Zuständigen (Kontaktdaten online) und bekommst gegen eine Nutzungsgebühr Schlüssel und Einweisung. Was den Teig angeht, solltest du allerdings schon ein bisschen wissen, was du tust, denn beim Backen bist du weitestgehend auf dich allein gestellt.

Anders bei den Workshops der *Kügler-Mühle* in Siebeldingen: Hier gibt's in der Backwerkstatt auch für Anfänger Tipps, Tricks und die passenden Zutaten fürs perfekte Brot (Tutorials für zu Hause und Backmischungen unter brotwerkstatt.net). Hier erfährst du, mit welchen Gewürzen es sich zu experimentieren lohnt, was hinter den verschiedensten Sorten Mehl steckt und wie du einen Sauerteigstarter ansetzt, mit dem dein Brot so lecker wird wie das der Profis. Im Laden gibt's neben den aromatisch duftenden Mühlenbroten auch Frischgemahlenes, Müslis für zu Hause und die perfekten Begleiter fürs Brot – Honig, Chutneys und Kaffee – von regionalen Partnern.

14 **Backhaus Bobenheim • Leininger Str., 67273 Bobenheim am Berg • bobenheim.de**

15 **Kügler-Mühle • Mühlweg 8, 76833 Siebeldingen • kuegler-muehle.de**

Schmecken lernen

Ganz tief eintauchen in die Welt des Weins

Schon verrückt, was so alles an Aromen im Wein stecken kann. Da gibt's in der fruchtigen Palette Aromen wie Himbeere, Sauerkirsche oder Pfirsich, in abgefahreneren Fällen wollen Kenner auch schon Lakritze, Trüffel, Rauch, Kaffee oder Heu rausschmecken. Will sich da jemand nur wichtig machen?

Die klare Antwort: Wenn Wein keine Wissenschaft wäre, würde man sich wohl kaum auf der ganzen Welt für seine Aromen, die Bedingungen, unter denen er wächst, und die Besonderheiten von Jahrgängen begeistern – und der schönste Hörsaal ist eben der Weinberg selbst. Beim Seminartag des *Weinguts Neuspergerhof* widmet sich ein ganzer Tag der Frage, wie die Aromen in den Vino kommen. Los geht's ganz klassisch mit der Führung durch Betrieb und Keller. Andernorts verabschiedet man sich dann nach kurzer Probe, hier startet man dann erst richtig durch. Auf geht's zum Weinbergpicknick, wo du bei aromatischem Käse und knackigem Baguette den Anbau live und in Farbe erlebst und alle Fragen loswirst, die du jemals zum Thema Wein hattest. Es folgen die Verkostung im Fasslager und dann das große Finale, ein Vier-Gänge-Dinner mit Riesenweinprobe. Sieben Stunden schon vorbei? Aber es gibt doch noch so viel zu lernen!

Etwas kürzere – aber nicht weniger lehrreiche – Seminare gibt's beim *Wilhelmshof* in Siebeldingen. Dessen Einstiege in die Sensorik haben sich inzwischen auch online bei Fans in ganz Deutschland etabliert. Kombiniert wird das Wein-Tasting mit Schokolade, mit Brot oder je nach Programm auch mal mit Musik.

← Dein Wissens- und Weindurst wird in Seminaren gestillt: beim Weingut Neuspergerhof oder …

← beim Wilhelmshof

16 **Bioland Weingut Neuspergerhof • Neuspergerhof, 76865 Rohrbach • neuspergerhof.de**

17 **Wilhelmshof • Queichstr. 1, 76833 Siebeldingen • wilhelmshof.de**

Vergessenes Paar
Wenn Zwetschge und Kartoffel sich küssen

→ **Lecker wie eh und je: Quetschekuche nach traditionellem Rezept**

Was den Franzosen Wein und Käse, dem Spanier Oliven und Schinken, das ist dem Pfälzer Grumbeersupp und Quetschekuche. Ein richtiges Wortmonster für alle Nichtpfälzer und der vermutlich größte Häh?-Moment der regionalen Kulinarik. Was auch daran liegen mag, dass der einstige Klassiker, der sogar in Liedern besungen worden ist, in der Gastronomie kaum noch zu finden ist. Das fängt schon damit an, dass die Pälzer Quetsch nur im Spätsommer Saison hat. Die Früchte, die in der Südpfalz wachsen, gibt es beim Spaziergang durch die Anbaugebiete zu erschnuppern und in Hofläden wie dem des *Bauernhofs Kieffer* erntefrisch zu kaufen.

Wenn die Neugier dich gepackt hat und du genau jetzt den Versuch wagen magst, lohnt sich ein Blick in die Speisekarten der Weinstuben. Manche holen zur Zwetschgenzeit generationenalte Rezepte aus der Schublade. Denn die Grumbeersupp war zu Zeiten der Urgroßeltern Alltagsessen – wer könnte ihnen verdenken, dass sie da zum Alltagversüßen kreativ wurden? Zu kosten gibt's das Paar jedes Jahr beim *Weingasthaus Wisser* oder in der *Hofschänke*.

Ist der Schatten dann übersprungen, zeigt sich, warum der kulinarische Underdog so ein Traumpaar ist. Die fruchtigen Zwetschgen vereinen Süße und Säure, mit der Kartoffelsuppe kitzelt zusätzlich ein wenig umami den Gaumen – und Tradition ist plötzlich ganz modern. Neue Leibspeise entdeckt? Na, dann ist ja gut!

18 **Bauernhof Kieffer • Hauptstr. 46, 76889 Schweighofen • bauernhof-kieffer.de**

19 **Weingasthaus Wisser • Herrengartenstr. 9, 76831 Billigheim-Ingenheim • weingasthaus-wisser.de**

20 **Zur Hofschänke • Hauptstr. 52, 76872 Winden • hofschaenke.de**

Ottersheimer
Anno 1996
Bärenbräu
Ottersheimer
Bärenbräu

Hopfen und Malz
Denn die Pfalz kann auch Bier

← **Einfach bärig gut, das Bier aus der Pfalz**

Wo die lange Zugehörigkeit zu Bayern in der Pfalz ihre Spuren hinterlassen hat? Beim Bier natürlich! Besonders anschaulich zeigt sich das bei Traditionsbetrieben wie dem *Bärenbräu* in Ottersheim bei Landau, der seine Inspiration noch weiß-blau im Logo trägt und selbstverständlich nach dem Deutschen Reinheitsgebot von 1516 braut. Die Erfahrung der Braumeister schmeckst du beim ersten Schluck im urigen Biergarten genauso raus wie die Leidenschaft fürs Bier, das hier natürlich frisch gezapft wird.

Und weil nicht nur das Handwerk des Brauens, sondern auch die Leidenschaft fürs Bier hängengeblieben ist, stellt jährlich an einem Wochenende im Herbst das größte Dorf Deutschlands ein echtes Bierfest auf die Beine. Beim *Andechser Bierfest* in Haßloch widmen sich im Ortskern jeder Hof und jede Stube, die etwas auf sich halten, Gerstensaft und Blasmusik. In Konkurrenz zur gleichzeitig stattfindenden Münchner Wiesn kommt das Andechser immerhin auf über 70 000 Besucher, was ganz schön beachtlich ist.

Aber auch um die Zukunft des Bieres braucht man sich in der Region keine Sorgen zu machen. Junge Craftbeer-Produzenten wie die Macher von *Brauart* in Grünstadt-Sausenheim folgen dem Trend zum Regelbruch und kreieren Magisches. Da kommen Aromen wie Grapefruit, Pinie und Mango zum Tragen. Das verspricht, nun ja, Abenteuerliches. Für Puristen gibt's aber auch ein wiederentdecktes Kultbier aus Grünstadt – ganz traditionell.

21 **Ottersheimer Bärenbräu • Waldstr. 35a, 76879 Ottersheim • ottersheimer-baerenbraeu.de**

22 **Andechser Bierfest • 67454 Haßloch (jährlich am 4. Septemberwochenende)**

23 **Brauart Sausenheim • Angelgasse 2–4, 67269 Grünstadt • brau-art.com**

Edle Spitzen
Ein Tag für Spargel-Gourmets

→ **Spargelschnaps und -nudeln? Das gibt's wirklich! Und zwar im Zürkers Hofladen**

Kaum ist die Frühjahrssonne aus dem Winterschlaf erwacht, geht's raus zum Spargelstechen. Dann beginnen auf zahlreichen Äckern die Vorbereitungen für die Lieblingszeit der Feinschmecker. Das Kompletterlebnis rund um den Spargel findest du beispielsweise rund um Dudenhofen in der östlichen Südpfalz, wo der besonders sandige Boden perfekt ist für den Spargelanbau. Bei Spaziergängen zur Spargelzeit gibt's quasi VIP-Einblicke in die Feldarbeit. Beim jährlichen kulinarischen Highlight, der Spargelspitze im Mai (Termin unter *vgrd.de*), kannst du dich sogar selbst im Spargelstechen versuchen. Da wird einem dann auch schnell klar, wie viel Arbeit mit dem edlen Gewächs verbunden ist. Anschließend geht's für Genießer ins Dudenhofener *Restaurant Sembries*, wo die Spargelzubereitung nach traditionellen Rezepten quasi seit Generationen Teil der DNA ist.

Zum Einkaufen steuerst du direkt weiter in einen *Hofladen*, wo nicht nur direkt vom Erzeuger Spargel, Frühkartoffeln und Erdbeeren warten, sondern auch sonst eine Auswahl, vor der sich die Obst- und Gemüseabteilung von so manchem Supermarkt verstecken kann. Kunterbunt und aromatisch wird hier alles präsentiert, was die Saison an Frischem so hergibt. Dazu gibt's fertige Aufstriche in Gläsern, Spargelschnaps von einer Brennerei gleich ums Eck, frische Eier und selbst gemachte Nudeln, für Fans von Ausgefallenem auch verfeinert mit Bärlauch, Steinpilzen und – wie sollte es anders sein – Spargel.

INSIDER-TIPP
Edles und Ausgefallenes

24 Restaurant Sembries • Neustadter Str. 24, 67373 Dudenhofen • sembries.de

25 Zürkers Hofladen • Neustadter Str. 14, 67373 Dudenhofen • zuerkers-hofladen.de

SPARGEL
KLARE SPIRITUOSE
BACK
hausgemachte
Spargelnudeln
Zutaten Hartweizengrieß
250g
Mindestens haltbar bis 01.06.22
Spargel
PFALZ
2020
Rivaner
trocken

Kunst & Kultur! Zum Gucken. Zum Machen. Zum Mitmachen. Und manchmal auch zum Kaufen. Im Museum oder an der frischen Luft. Wo unter freiem Himmel Filme flimmern und an Mauern Kunst auflebt. Wo Schuhe in den Mittelpunkt treten und Bücherschränke im Wald stehen. Hier gibt's jede Menge kreativen Input!

Die kreativen Orte

Kunst & Kultur von gediegen bis hip

Kunst an der Luft
Max Slevogts Lieblingsorte erwandern

→ **Sehen, was der Maler sah …**

→ **Infotafeln helfen dir, auf Kurs zu bleiben**

Ein Ort, der jahrzehntelang einen Impressionisten mit Inspiration versorgt hat, eignet sich auch heute noch perfekt für eine Kreativauszeit. Den bayerischen Maler Max Slevogt zog die Liebe in die Pfalz und die Arbeit immer wieder in die Natur. Wieder und wieder, obwohl er dank seiner Berühmtheit schon damals die halbe Welt bereiste. Anhand seiner Gemälde kann man bis heute gut nachvollziehen, was sich seit dem frühen 20. Jh. in der Pfalz verändert hat – und was eben nicht.

Der *Slevogtweg* in Leinsweiler erzählt auf knapp 10 km die Geschichte des Malers, von seinem Leben in seiner pfälzischen Wahlheimat, wo er bis zu seinem Tod viele Jahre verbrachte. Los geht's am nach ihm benannten Slevogthof. Ab hier führen verschiedene Informationstafeln durch das Werk von Slevogt, der im Gegensatz zu anderen Malern seiner Zeit die sogenannte Freilichtmalerei der Arbeit im Atelier vorzog. Warum? Die Frage stellst du dir nur, wenn du noch nie seine Inspirationsorte abgelaufen bist. Drei Stunden bist du etwa unterwegs – oder länger, je nachdem, wie viel Zeit du damit verbringen magst, die Wow-Momente von heute mit den Werken Slevogts auf den Infotafeln zu vergleichen. Markiert ist der Weg sehr regelmäßig mit dem Portrait des Malers. Genießt eben immer noch das Panorama, der Gute!

Zu den schönsten Aussichten entlang des Wanderwegs zählen Blicke über Reben, Wald und Weinberge bis runter zur Rheinebene sowie über Burgen und Ruinen, die auf benachbarten Hügeln thronen. Auf Rastplätzen, Bänken und Steinen am Wegesrand kannst du herrlich ein kleines Picknick auspacken.

1 **Slevogtweg • Einstieg am Wanderparkplatz Slevogthof • 76829 Leinsweiler**

SLEVOGT WEG 1
Weinlese am Hämmelsberg
Drei Weinleserinnen kommen mit Traubenkübeln vor dem in Herbstfarben leuchtenden Weinberg und den bewaldeten, dunkelgrünen Bergrücken dem Betrachter entgegen. In diagonal verlaufenden Landschaftspartien und dem darüber lagernden Berg baut der Maler die Komposition auf und festigt sie durch die Figurengruppe. Der helle Himmel ist von Wolken leicht bewegt, die sich vor der nach Westen ziehenden Sonne verdichten: ein dem Abend entgegengehender Herbstnachmittag. Die Schatten fallen auf den Betrachter zu.
Leinsweiler

Schmökern am Baum

Der offene Waldbücherschrank

Was in den Städten Deutschlands schon an fast jeder Straßenecke wartet, ist hier mitten im Wald ein echtes Unikum. Und streng genommen auch erst ein Hingucker auf den zweiten Blick. Der *offene Bücherschrank*, den Literaturliebhaber aus einem Baumstamm gefertigt haben, sieht erstmal so aus, als hätte ihn die Natur hierher gesetzt und allenfalls ein besonders expressionistisch veranlagter Specht hier Quartier aufgeschlagen.

← Sich in den Wald vertiefen … und in die Literatur

Wer näher rangeht, merkt aber schnell, dass die Tür im Baumstamm tatsächlich Angeln hat und sich hinter ihr ein Schatz aus Literatur versteckt. Wanderer und Einheimische haben hier Bücher reingestellt, die sie ausgelesen haben und nun mit anderen Leseratten teilen wollen. Neben Romanen wartet zwischendrin auch immer mal wieder ein Kinderbuch, mit dem der Nachwuchs sich im Wald für einen Moment hinsetzen und den Alltag vergessen kann. Wer ein Picknick und eine Decke mitbringen will, schafft die dazu passende gemütliche Atmosphäre. Mitbringen kannst du natürlich auch Nachschub für den nächsten literaturbegeisterten Wanderer, wenn du Schmöker schon gelesen hast und gern an andere weitergeben möchtest.

Zu finden ist der offene Bücherschrank im Pfälzerwald westlich von St. Martin unweit eines Platzes, der sich im Volksmund – wie passend – Dichterhain nennt. Hier wurde vor fast 100 Jahren drei Pfälzer Mundartdichtern, Lina Sommer, August Heinrich und Fritz Claus, ein Denkmal gesetzt, ihre Portraits wurden in den Felsen gehauen. Mount Rushmore im Mini-Format quasi, mit einer ordentlichen Portion Lokalkolorit …

2 **Offener Bücherschrank am Dichterhain • 67487 St. Martin**

Textile Liebeserklärungen
Pfalz zum Anziehen

→ **Wenn man's weiß, ist das Wort ganz einfach zu entziffern, oder?**

Ja, ja – schon klar! Die Liebe zu Rhein, Reben und Wald trägt man zuallererst mal im Herzen... Aber das schließt nicht aus, dass man die Heimat auch mal äußerlich tragen darf. Auf Hoodies, Mützen, T-Shirts, Rucksäcken oder – wenn es die Lage denn unbedingt erfordert – auf Alltagsmasken.

Für manche ist es einfach nur eine seltsame Aneinanderreihung von Buchstaben, die die Macher des jungen Labels *WNSTR®* sich haben schützen lassen – wer mit der Weinstraße etwas anfangen kann, ergänzt ein paar Vokale und muss unweigerlich schmunzeln. Da kann es schon mal vorkommen, dass der Träger beim Spaziergang in den Voralpen von anderen Exilpfälzern angesprochen wird und so nette Momente und Gespräche abseits der Heimat entstehen – Ziel erfüllt! Zum Branding der jungen Marke, die es seit einiger Zeit auch im eigenen Flagship-Store in Bad Dürkheim zu kaufen gibt, gehören Dubbeglas und Weintrauben, die Wortmarke Pfalzkind und natürlich die unverkennbare Buchstaben-Kombi WNSTR® selbst. Bedruckt wird – wo sollte es anders sein – in der Pfalz.

Eine ganz ähnliche Auswahl von Produkten, dafür mit Aufschriften wie »Schorlegewidder«, »Wanderlust Pfälzerwald« oder »Pfalzliebe«, gibt es im Laden der Marke *Palatina Outfitters* in Rhodt unter Rietburg. Wer online stöbern und sparen mag, findet auf der Website der Marke auch einen Outlet-Bereich mit reduzierten Preisen für Restbestände aus älteren Kollektionen.

INSIDER-TIPP
Clever geshoppt

3 **WNSTR® STORE • Weinstr. Nord 11, 67098 Bad Dürkheim • wnstr.de**

4 **Palatina Outfitters Store • Mühlgasse 1, 76835 Rhodt unter Rietburg • palatina-outfitters.de**

WNSTR

Rocken unterm Kuppeldach Showtime im Planetarium

Unter den Kuppeln von Planetarien warten ja gerne ganze Galaxien von Wissen. Wie und wann ist die Milchstraße entstanden und warum herrschen auf verschiedenen Planeten unterschiedliche Bedingungen? Wie funktioniert ein Schwarzes Loch, und was genau passiert nochmal bei Ebbe und Flut? Wer solchen Fragen in der Pfalz nachgehen will, findet die unendlichen Weiten des Weltraums gerade mal einen kurzen Spaziergang entfernt von der Ludwigshafener Innenstadt. Im *Mannheimer Planetarium* stehen die Antworten täglich in Form von unterschiedlichen Filmen und Vorträgen auf dem Spielplan.

← Verträumt (und informativ) geht die Reise durchs Weltall

Aber was, wenn dir Rockstars eigentlich immer lieber waren als die echten Sterne am Firmament? Ein Grund mehr, mal hier vorbeizuschauen … Im Rahmen der regelmäßig stattfindenden Sonderprogramme werden verschiedene Alben von Pink Floyd hier mit passenden Licht- und Videoeffekten unterlegt – alles zusammen sorgt dafür, dass du so richtig schön in die laute Musik abtauchen kannst. Als Hommage an Queen gibt es Vorstellungen, bei denen Originalaufnahmen der Band unterm Kuppeldach zu sehen sind. Oder du gönnst dir einen Planetarium-Besuch mit Livemusik – die Jazznights haben wechselnde Profimusiker zu Gast.

INSIDER-TIPP
Detektiv spielen

Und wer sich lieber mit Geschichten als mit Musik unterhalten lässt, schaut am besten bei einem Format mit echtem Kultstatus vorbei. Zwei Produktionen der berühmten »Drei Fragezeichen«-Hörspiele versetzen dich mittenrein – in die Abenteuer, die inzwischen schon Generationen geprägt haben.

5 **Planetarium Mannheim • Wilhelm-Varnholt-Allee 1, 68165 Mannheim • planetarium-mannheim.de • Eintritt: ab 9,50 Euro**

Sommernächtlich
Kino unterm Sternenhimmel

→ **Die Sonne geht unter, das Filmlicht an**

Ganz so einfach wie im Kinosaal ist es hier draußen natürlich nicht. Statt des gedimmten Lichts über flauschigen Kinosesseln gibt im *Open-Air-Kino* das Dämmerlicht den Startschuss. Die Sessel, die vor den großen Leinwänden aufgebaut sind, stehen direkt unterm Sternenhimmel. Vogelgezwitscher liegt in der Luft, ab und an hört man auch in der Nähe mal ein Auto passieren oder Sirenen – aber das gehört schließlich zur Atmosphäre …

Dass man das Hier und Jetzt trotzdem problemlos vergisst, dafür sorgt das unverkennbare Ambiente der Frankenthaler Erkenbert-Ruine, die Geschichten von Jahrhunderten erzählt und die heute als Freiluftkinosaal und auch als Konzert-Location genutzt wird. In den historischen Mauern des ehemaligen Kirchenprunkbaus, der in verschiedenen Kriegen zerstört und mehr und mehr abgetragen wurde, findest du dich mittendrin in der Frankenthaler Stadtgeschichte. Die füllen die Betreiber des städtischen Lux-Kinos jeden Sommer mit Neuerscheinungen aus Hollywood und Klassikern aus Jahrzehnten Kinogeschichte mit neuem Leben – ganz so als wäre die Location dafür gemacht. Kulinarisch wird das Ganze, teilweise sogar passend zum Film, vom nahe gelegenen Hotel Central ergänzt.

Aktuelle Blockbuster gibt es außerdem jedes Jahr an wenigen Abenden im Spätsommer vor der Kulisse des Schlossplatzes in Pirmasens zu sehen. Beim *Schloßplatzkino* baut ein auf mobiles Kino spezialisierter Anbieter seit über einem Jahrzehnt die Leinwand auf und lockt auf diese Weise viele Stammgäste an.

6 **Open-Air-Kino in der Erkenbert-Ruine • Rathausplatz, 67227 Frankenthal • lux-kinos.de**

7 **Schloßplatzkino • Schloßplatz, 66953 Pirmasens • kinokulturmobil.de**

Die Kelten sind los!
Im Freilichtmuseum am Donnersberg

Statt Tabellen voller Jahreszahlen und Landkarten mit Siedlungen geht das mit der uralten Geschichte doch auch irgendwie anders, oder? Stimmt, das haben geschichtsbegeisterte Bewohner der Donnersbergregion Anfang des Jahrtausends bewiesen. Als die Idee entstand, in einem Museum in Steinbach die Anfänge keltischer Siedlungen in der Region nachzuerzählen, stand direkt fest, dass trockene Fakten hier nichts zu suchen hatten.

↓ Sich einmal wie die Kelten fühlen … das ist im Keltendorf Steinbach möglich

Stattdessen wurde ein Freilichtmuseum entwickelt, in dem du nachempfinden kannst, wie der Alltag der Kelten früher ausgesehen hat. Du gehst in den Wohnhäusern und Höfen auf Entdeckungstour, kannst die Naturmaterialien, aus denen die Gebäude

(übrigens größtenteils ohne modernes Werkzeug und nach dem historischen Vorbild der Kelten) gemacht sind, selbst anfassen. Vom Aussichtsturm aus will man dann glatt nach Römern oder Angreifern feindlicher Stämme Ausschau halten, über die die Gästeführer eine Menge zu erzählen haben.

Wer fertig geguckt hat, kann dann auch noch selbst Hand anlegen im *Keltendorf Steinbach*. In den Besucherprogrammen für Kinder und Erwachsene gibt es kaum ein Handwerk aus alten Zeiten, in das man sich hier nicht einweisen lassen kann: Pfeilbau, die traditionelle Arbeit mit Materialien wie Ton, Kupfer, Leder und Wolle, Seife herstellen und Kräuter sammeln sorgen je nach Programm dafür, dass der Alltag der Kelten wieder lebendig wird. Und dass die Illusion für alle Sinne gelingt, das bewirkt das rauchige Aroma von Stockbrot, das überm Feuer röstet.

8 **Keltendorf Steinbach • Brühlstr. 41, 67808 Steinbach a. Donnersberg • keltendorf-steinbach.de • Eintritt: 4,50 Euro**

Heiße Sohlen
Im größten Schuhdorf der Welt

→ **Welche Schuhgröße ist das wohl?**

Das Klischee typisch Frau, typisch Mann ist von gestern … Glaubst du nicht? Dann mach doch mal einen Abstecher nach Hauenstein und schau den Jungs beim Schuhe shoppen zu! Da leuchten die Augen und klingeln die Kassen, denn die Shoppingtempel der *Deutschen Schuhmeile* haben schon lange verstanden, dass es beim Thema Schuhe nicht um das Klischee Männlein oder Weiblein geht. Sie spalten die Welt in zwei ganz andere Lager: Die, die verstanden haben, dass Schuhe das Schönste auf der ganzen Welt sind, und die, die es erst noch lernen müssen.

Mit über einer Million Paar Schuhe braucht sich die Auswahl im »größten Schuhdorf der Welt« im Pfälzer Hinterland nicht vor dem Sortiment auf den Shoppingmeilen in New York, Paris und Co. zu verstecken. Fast zwei Dutzend Stores verkaufen so ziemlich alles, was jemals im Zusammenhang mit Sohlen erfunden und entworfen worden ist. Geöffnet ist an sieben Tagen die Woche, selbst sonntags kannst du zumindest am Nachmittag shoppen.

Dass ausgerechnet hier die Welt der Schuhe so zelebriert wird, liegt an der Hauensteiner Geschichte, in der die Schuhindustrie bis 1886 eine riesige Rolle spielte: Sie brachte das Klischee des »Schlabbeflickers« in die Region und ein bisschen Wohlstand mit dazu. Am anderen Ende des Orts widmet sich das *Deutsche Schuhmuseum*, wo zuletzt fleißig umgebaut wurde, der Schuhmachertradition. Hier gibt's neben rekordverdächtigen Riesenschuhen und Schusterwerkzeug vieler Jahrzehnte auch historische Fußmode zu sehen und Ausrangiertes von berühmten Persönlichkeiten. Wie etwa eine Nachbildung der Schuhe des legendären Ötzi.

9 **Deutsche Schuhmeile • Schuhmeile 1, 76846 Hauenstein • schuhmeile.com**

10 **Deutsches Schuhmuseum • Turnstr. 5, 76846 Hauenstein • museum-hauenstein.de**

BE FAST
OR BE

Wieso, weshalb, warum? Naturgesetze kreativ erklärt

Hast du dich schon mal gefragt, wie eine Schaukel schwingt oder die Dynamik einer Welle entsteht? Das naturwissenschaftliche Erlebnismuseum Dynamikum in Pirmasens hat auf all diese Alltagsfragen nicht nur Antworten, sondern auch die dazugehörigen Stationen zum Ausprobieren. Hier gibt es Physikunterricht in richtig spannend, die Erklärungen so, dass sich die Zusammenhänge quasi von selbst erschließen und oft auch noch viele andere Fragen über die großen Warums der Welt aufwerfen. Aus »Ihh, Physik!« wird »Ich will alles wissen! Jetzt – sofort!«.

← Selbst experimentieren beim Riesen-Domino!

← Wie dreht sich eigentlich ein Rodeokreisel?

»Anfassen verboten« gibt's im *Dynamikum Science Center* nicht, stattdessen darf geschaukelt, gehüpft und gekreiselt werden – alles, was dabei hilft, die physischen Kräfte von Bewegungen zu verstehen. Eine Partnerschaukel zeigt, wie Pendelwirkungen entstehen und von einer Seite einer doppelten Schaukel auf die andere übertragen werden können. Am Modell einer Achterbahn kannst du ausprobieren, welche Kräfte wirken, wenn ein Zug ratternd über die Schienen rauscht. Und in der Station Zeitsprung kannst du mithilfe von mehr als 60 Kameras beobachten, was passiert, wenn du mit aller Kraft in die Luft springst. Das Schöne: Dank einer App gibt's übers Smartphone viele interaktive Extrafunktionen und Erinnerungsschnipsel für zu Hause.

Und wer bei schönem Wetter draußen weiter auf Entdeckungstour gehen will, steuert nach dem Museumsbesuch den Bürgerpark Strecktal mit seinem DiscGolf-Parcours an. Die Frisbees kannst du im Dynamikum ausleihen, Scorecards gibt's zum Herunterladen und Ausdrucken auf der Museumsseite.

INSIDER-TIPP
Scheibenweitwurf

11 Dynamikum Science Center • Fröhnstr. 8, 66954 Pirmasens • dynamikum.de • Eintritt: 11 Euro

Pfälzer Broadway
Auf den Bühnen der Region

→ **Vor der Kulisse des Stadtmauerturms Platz nehmen, Augen und Ohren scharf stellen und dem Ensemble des Theaders zugucken und zuhören**

Jetzt mal ehrlich: Existiert was Schöneres für Theaterfans als der Moment, wenn das Licht ausgeht und du dich im Sessel zurücklehnst? Dann gibt's für die nächsten Stunden nur noch dich und deine Fantasie. Neue Sichtweisen, fremde Gefühle.

Und das sogar in einem der kleinsten Theater der Welt – in Freinsheim an der nördlichen Weinstraße. Keine zwei Dutzend Zuschauer passen in die Spielstätte des *»Theader«* in einem mittelalterlichen Stadtmauerturm, wo regelmäßig moderne Stücke auf die Bühne gebracht werden im ganz intimen Storytelling-Format, mal mit mehr Pfälzer Einschlag, mal mit weniger, aber immer mit Herzblut. Jeden Sommer geht's dafür auch zum Open-Air-Sommertheater im Schatten der Stadtmauer.

Und auch die Ensembles größerer Theater in der Pfalz müssen sich nicht hinter denen der Große-weite-Welt-Häuser verstecken. Zumindest nicht, wenn's nach dem *Pfalztheater in Kaiserslautern* geht, das im Vergleich zum Theader Freinsheim die Rolle des Goliath einnimmt. Hier geht so ziemlich alles über die Bühne, was die Theaterwelt zu bieten hat: moderner Tanz, Musicals, Klassiker der Opernszene und unbekannte Stücke, Schauspiel für Jung und Alt. Ein Mini-Broadway der Westpfalz quasi. Modern ausgestattet, wie es sich für ein klassisches Mehrspartenhaus gehört. Wenn du in der Nähe wohnst und mal selbst auf der Bühne stehen willst, gibt es über die Statisterie immer wieder Möglichkeiten, selbst bei Stücken oder Opern mitzumachen.

INSIDER-TIPP
Ab ins Rampenlicht

12 **Theader Freinsheim • Südliche Ringstr. 12, 67251 Freinsheim • theader.de • Eintritt: ca. 20 Euro**

13 **Pfalztheater Kaiserslautern • Willy-Brandt-Platz 4–5, 67657 Kaiserslautern • pfalztheater.de • Eintritt: ab 12 Euro**

Schauplatz-Spektakel
Kultur in Burg- und Festungsmauern

Also irgendwas in alten Gemäuern muss die Kreativität beflügeln… Anders kann es ja kaum sein, dass sich die irrsten Geschichten immer genau in ihrer Nähe abgespielt haben. Vielleicht liegt's aber auch nur in der Natur der Sache und die alten Geschichten halten sich eben einfach genau dort, wo's was zum Festhalten gibt.

← Magische Atmosphäre im Innenhof und…

← gute Stimmung beim Germersheimer Kultursommer

Egal wie rum man's dreht: Ruinen, Burgen, Mauern und die Zeichen der Zeit, die sie begleitet haben, regen noch heute die Fantasie an. Die Festung in der Kleinstadt Germersheim ist nicht nur etwa Heimat eines Universitätscampus und einer Musikschule, sondern auch des Musikfestivals *Germersheimer Kultursommer* – und das seit über 25 Jahren. In lauen Sommernächten spielen hier, im hufeisenförmigen Innenhof der Festungsanlage Fronte Beckers, unter freiem Himmel und bei fantastischer Akustik ganze Sinfonieorchester, dazu Bands und Combos aus den Bereichen Jazz, Blues oder Soul. Die Kultreihe »Walk! Don't walk!« führt tief rein ins Labyrinth der Festungsmauern, wo Schauspieler, Musiker und Artisten alle paar Meter in versteckten Winkeln und wo man sie nicht erwartet für kleine Überraschungsmomente sorgen.

INSIDER-TIPP
Faszinierend unterirdisch!

Gleich eine ganze Burg erobern die *Sommerspiele in Dahn*. Die Theateraufführungen auf Burg Alt-Dahn sind hier jedes Jahr der absolute Höhepunkt, aber auch in anderen Spielorten der Stadt gibt's zwischen Kabarett, Konzerten und Musicals viel zu sehen. Die Ensembles und Künstler, die hier ihre Stücke und Programme auf die Bühne bringen, kommen jährlich aus ganz Deutschland nach Dahn. Und Gäste aus der Pfalz gibt's natürlich auch.

14 **Kultursommer Germersheim • An Fronte Beckers, 76726 Germersheim • kultursommer-ger.de**

15 **Dahner Sommerspiele • verschiedene Spielorte, 66994 Dahn • dahner-felsenland.de**

Kunst für alle Im Museum das Schöne im Alltag entdecken

→ **In den verwinkelten Etagen des Wilhelm-Hack-Museums entdeckst du moderne Kunstwerke**

Schon mal von der Putzkraft gehört, die bei einer Ausstellung in Mannheim ein Stück eines Kunstwerks einfach in der Tonne entsorgte? Im *Wilhelm-Hack-Museum* wäre das nicht passiert, denn die Frage »Ist das Kunst oder kann das weg?« stellt sich hier allein aufgrund der Atmosphäre des auf moderne Kunst spezialisierten Hauses nicht. Und zwar auf die Art von Kunst, die man nicht erst lang erklären muss, bevor sie einen zum Nachdenken bringt, und die den Alltag bunter macht.

Das Museum fokussiert sich, genau wie der Mann, auf dessen gestiftete Sammlung die Gründung zurückgeht, auf zeitgenössische Kunst – in allen abstrakten Formen und knalligen Farben, die du dir vorstellen kannst. Mehr als 10 000 Gemälde, Grafiken, Zeichnungen, Skulpturen und sogar vermeintliche Alltagsgegenstände wie Schallplattencover. Die Ausstellung beginnt schon bei dem Erkennungszeichen des Museums, der von Joan Miró gestalteten Außenwand, und setzt sich in den verwinkelten Etagen fort.

INSIDER-TIPP
Auf Banksys Spuren

Genug Zeit drinnen verbracht? Dann ist die Zugabe Ludwigshafen selbst. Vom Museum aus kannst du neuerdings auch draußen auf Erkundungstour gehen und dem Museumsprojekt Muralu in die bunte Streetart-Szene der Stadt folgen. Das Projekt möchte Kunst und Alltag noch ein bisschen mehr verbinden und das Stadtbild mitprägen. Da ist die Stadt quasi Muse und Leinwand, und dank der umtriebigen Künstler kannst du bei jedem Spaziergang Neues entdecken. Mal bunt, mal nachdenklich, mal unterhaltsam, mal gesellschaftskritisch. Ein Hotspot an neuen Werken war zuletzt etwa in der Gartenstadt, wo du dank der Wandgemälde unter Palmen wandeln und mit Vögeln durch einen tiefgrünen Dschungel fliegen kannst.

16 **Wilhelm-Hack-Museum • Berliner Str. 23, 67059 Ludwigshafen • wilhelmhack.museum • Eintritt: 7 Euro**

Talentschmiede
Impro & Offene Bühne im alten Weingut

Wenn du auf Abende stehst, an denen nichts nach Schema F läuft, bist du im *Theater in der Kurve* in Neustadt goldrichtig. Und das im positivsten Sinne, denn eines der Markenzeichen des Theaters ist seine offene Bühne, wo grundsätzlich alles passieren kann. Hier beweisen sich jedes Mal Talente aller Art über eine gute Viertelstunde im Rampenlicht und geben dir die seltene Chance, kulturelle Vorlieben zu entdecken, von denen du vielleicht noch gar nicht wusstest, dass du sie hast. »Theater-Tapas« nennen das die Theatermacher, die die verschiedenen Beiträge so jonglieren, dass ein Abend entsteht, an dem eigentlich immer nur eins sicher ist: nämlich dass es nicht langweilig wird.

Moderiert und zusammengestellt wird das Programm von Kabarettist Lars Sörensen, der zwar aus Nordfriesland stammt, aber in der Pfalz seine künstlerische Heimat gefunden hat und der zwischen den Beiträgen der Talente eine ganze Menge Anekdoten zu erzählen hat. Zu den Ensembles und Künstlern, die er zu sich auf die Bühne holt, gehörten vom Gießkannenbläser über Zauberer, Wortakrobaten, Singer-Songwriter und Kollegen aus der Kabarett- und Comedyszene schon einige Multitalente. Das Risiko, etwas zu verpassen, wenn man sich einen der Termine entgehen lässt, ist ziemlich groß.

Und auch sonst ist das Theaterhaus, das heute das Gebäude eines ehemaligen Weinguts im Stadtteil Hambach belebt, ein echter Allrounder. Das Team dahinter hat sich über die Jahre auf Performance, kreative Eigenproduktionen, Impro-Theater und eben die Offene Bühne spezialisiert und zählt inzwischen zu den kreativen Epizentren der Pfalz. Hier werden an jedem Spieltermin die Karten neu gemischt und genau das ist es, was neben der charmanten Location den Reiz ausmacht.

← Neben Eigenproduktionen wie »Eupheus & Orydike« gibt es im Theater in der Kurve …

← … auch die Offene Bühne. Was kommt da wohl als nächstes?

17 Theater in der Kurve • Weinstr. 279, 67434 Neustadt a. d. W. • theater-in-der-kurve.de

Als die Pfalz noch am Äquator lag

Erdgeschichte im Urweltmuseum

→ **Sobald du das Urweltmuseum Geoskop betrittst, reist du in der Zeit zurück**

→ **Erkunde die Dauerausstellung!**

Wie hat's hier wohl früher ausgesehen? Also nicht früher im Sinne von vor ein paar Hundert Jahren, als Naturforscher hier im Nordpfälzer Bergland auf die Suche nach Fundstücken aus der Erdgeschichte gegangen sind! So richtig früher!

Die Antwort ist überraschend: Alles voller Wasser! Die versteinerten Tiere und Pflanzen, die dich mithilfe ihrer Geschichten durch Erdgeschichte und Ausstellung führen, belegen, dass hier vor 280 bis 300 Mio. Jahren alles noch voller Flüsse und Seen war. Und dass das heutige Mitteleuropa damals 5000 km südlich, ganz in der Nähe des Äquators, lag. Haie und tropisches Klima in der Pfalz? Echt jetzt?

Beweise dafür hat das nordpfälzische *Urweltmuseum Geoskop*, das seit Ende der 1990er-Jahre auf der größten Burg der Pfalz, Burg Lichtenberg bei Kusel, residiert und dich viel weiter in der Zeit reisen lässt als ins Mittelalter. Selbst an die Dinosaurier war zu Zeiten mancher gefundener Fossilien hier noch lange nicht zu denken. Zu den ältesten Fundstücken gehören die versteinerten Überreste tropischer Farne, aber auch Spuren hier lebender Ur-Dinosaurier wurden in der Pfalz gefunden und konserviert.

INSIDER-TIPP **Nachts ins Museum**

Familien mit Kindern sollten die Ferien für den Besuch im Urweltmuseum nutzen, wenn im Kinderprogramm ab und an Taschenlampenexkursionen lehrreiche Abenteuer versprechen oder die Kids sich tagsüber selbst als Paläontologen und Spurensucher betätigen können.

18 **Urweltmuseum Geoskop auf Burg Lichtenberg • Burgstr. 19, 66871 Thallichtenberg • urweltmuseum-geoskop.de • Eintritt: 2,60 Euro**

Urweltmuseum
GEOSKOP

Ungeahnte Fähigkeiten Neues lernen in der Kreativ-Werkstatt

Zwei linke Hände? Gibt es nicht! Der Mensch ist dazu gemacht, dass er was hinterlässt auf der Welt. Dass am Ende was Gutes rauskommt, dafür bist du selbst zuständig. Wenn man die Mär von der kreativen und handwerklichen Talentfreiheit doch noch glaubt, darf man sich aber ruhig fachkundige Unterstützung suchen.

In der *Offenen Kreativ-Werkstatt* Bad Dürkheim gibt's auf dem Feld der kreativen Ausdrucksformen eigentlich nichts, was es nicht gibt. Erfahrene Fotografen nehmen dich mit auf Fototour, bildende Künstler erklären Anfängern wie Fortgeschrittenen den Umgang mit Zeichenmaterial, Farben oder Drucktechniken. Dazu kommen andere kreative Aktivitäten wie Tanzen, Schreiben, diverse Theaterformen oder sogar Ausgefallenes wie Buchbinden.

An mehreren Tagen die Woche bist du hier auch nachmittags zur offenen Arbeit eingeladen, einfach um mal was Neues auszuprobieren. Neben Arbeiten mit Ton und Speckstein kannst du auch immer wieder zu Pinsel und Zeichenblock greifen und dich kreativ austoben. Und das Beste: mit anderen Ideen austauschen, denn das ist das eigentliche Geheimnis hinter der Kreativität.

Wenn du eher praktisch veranlagt bist und zu denen gehörst, die sich aus Kunst nichts machen: Denk mal drüber nach, wie viel Kunst im Alltag steckt! In der Offenen Kreativ-Werkstatt kannst du auch ganz Alltägliches selbst machen, Körbe flechten, Tassen töpfern, deinen eigenen Ring goldschmieden oder Gegenstände aus den unterschiedlichsten Materialien wie Metall, Holz oder Glas herstellen. Im Programm werden alle fündig, garantiert!

← Egal, ob mit Draht, Ton, Pinsel oder Kamera, in der Offenen Kreativ-Werkstatt kannst du deinen inneren Künstler rauslassen

INSIDER-TIPP
Stammtisch für Kunst

19 Offene Kreativ-Werkstatt • Römerstr. 20, 67098 Bad Dürkheim • offene-werkstatt.org

Wo ist das Vögelchen? Reise an den Ursprung der Aufnahmen

→ **So funktionierte es früher – große, alte Kameras vermitteln einstige Fernsehstudio-Atmosphäre**

Kannst du dich noch an ein Leben erinnern, als eine Profi-Kameraausrüstung noch nicht in die Hosentasche gepasst hat? Zumindest sind Smartphones ja ganz schön nah dran am Fotostudio für Amateure, die ihre Schnappschüsse, Portraits, Urlaubserinnerungen und Videoschnipsel dann auch direkt mit dem Rest der Welt teilen können. Was dazu wohl die Tüftler und Erfinder gesagt hätten, die vor Hunderten von Jahren etwas Unmögliches möglich machten?

An ihre Namen, Zahn, Niépce oder Daguerre, erinnert sich heute kaum jemand mehr, genauso wenig wie an Zeiten, als für Familienfotos noch Reichtum und ein riesiger schwarzer Kasten notwendig waren. Für das *3F-Museum* in der hübschen Altstadt von Deidesheim ist das ein Grund mehr, genau ihre Geschichten zu erzählen …

3F – das steht für Foto-, Film- und Fernsehtechnik und umfasst so ziemlich alles, was jemals auf Trockenplatten, Fotopapier, Zelluloid oder dem Chip in der Digitalkamera gelandet ist. So gibt es hier neben einer der ersten Kameras der Welt auch Giganten der Fernsehtechnik zu sehen und winzige Spionagekameras, die ihrer Zeit weit voraus waren.

Kaum irgendwo sonst in Europa gibt es eine Sammlung, die mit mehr Ausstellungsstücken diese Geschichten erzählt und einen in die Welt von Testbildern und Negativen zurückversetzt. Was die Quantensprünge der letzten Jahre übrigens noch ein bisschen beachtlicher macht. Denn so lang liegt ihre Zeit dann doch wirklich gar nicht zurück …

20 **3F Deutsches Museum für Foto-, Film- und Fernsehtechnik • Weinstr. 33, 67146 Deidesheim • 3f-museum.de • Eintritt: 4 Euro**

ZDF
ZDF
SCHNEIDER 15X16
DIASCOPE
ZDF

Und: Action! Auf dem Wasser, zu Lande oder in der Luft. Ob kleine Mutprobe, sportliche Spitzenleistung oder einfach mal aufs Spaßpedal treten: Tob dich aus, sei wild, und zeig, was in dir steckt!

Die wilde Seite

Gas geben und Spaß haben von sportlich bis mutig

Über Bäume sausen
Zipline-Panoramen im Pfälzerwald

→ **Im Höhen- und Geschwindigkeitsrausch – zack geht es abwärts**

Hast du dich schon mal gefragt, wie der Wald wohl aus der Vogelperspektive aussieht? Wenn man fast schwerelos über die Wipfel gleitet, der Boden immer weiter weg erscheint – und dann plötzlich der Sinkflug Richtung tiefgrünes Meer losgeht … Na, dann probier's doch einfach mal aus, leg den Sicherheitsgurt an, zieh die Handschuhe über und tauch ein in den Zipline-Park. Erste Plattform der Strecke erklommen? Dann jetzt bloß keine kalten Füße kriegen!

Der abenteuerlichste Ort, um mit Anlauf in den Pfälzerwald reinzuspringen, ist ohne Frage in Elmstein zwischen Neustadt und Kaiserslautern, ein Ort, der auf dem Satellitenbild vor lauter Bäumen kaum zu erkennen ist. Umso mehr ein Grund, sich das Ganze mal von oben anzusehen. Der Parcours des *Ziplinepark Elmstein* besteht aus 18 Ziplines und vier Absprüngen, von denen du jeweils mehrfach gesichert von Plattform zu Plattform oder zurück auf den Boden der Tatsachen rauschst. »Bloß nicht runtergucken« ist hier zwar ein guter Tipp, wenn die Höhenangst doch mal zuschlägt, aber es gibt eben auch eine Menge zu verpassen.

Unterwegs wirst du begleitet von den Guides des Parks, die dir in jedem Moment ein Gefühl von Sicherheit geben. Theoretisch könntest du mit ihrer Hilfe auch jederzeit wieder zurück auf festen Boden, aber auf dem klassischen Weg macht's ohne Frage mehr Spaß. Und noch einen Vorteil hat dieser Perspektivwechsel im Wald: Wer ihn einmal aus den Augen seiner natürlichen Bewohner – Vögel, Fledermäuse und Insekten – gesehen hat, weiß ihn unter Garantie gleich noch mehr zu schätzen.

1 **Ziplinepark Elmstein • Eschkopfstr., 67471 Elmstein • zipline-elmstein.de • Eintritt: 32 Euro**

Mit 120 Sachen!

Auf Achterbahnen in die Tiefe rauschen

Gibt's Schöneres als die Vorfreude, wenn der Achterbahnzug ganz langsam in Richtung Abenteuer gezogen wird? Wenn die Baumwipfel an einem vorbeiziehen und die Menschen unten mehr und mehr wie bunt angezogene Ameisen aussehen? Gibt es nicht! Und weil die BigFM Expedition GeForce, eine der Hauptattraktionen im Haßlocher *Holiday Park*, dafür ein besonders schönes Beispiel ist, galt sie unter Kennern nach ihrer Eröffnung 2001 jahrelang als eine der besten Achterbahnen der Welt und sie hielt noch dazu lange den Rekord als steilste Achterbahn Deutschlands.

← Bist du mutig genug, um die wilde Sky Scream auszutesten?

Wie es dazu kam, wird klar, sobald der Zug den obersten Punkt erreicht hat: 53 m über dem Boden. Ab hier legt er den Rest der Strecke ohne Antrieb und nur aus eigenem Schwung zurück. Die ersten Meter wirken für die Vornesitzenden noch ein bisschen wie in Zeitlupe, dann geht's bei 82 Grad Gefälle fast senkrecht mit 120 Sachen in Richtung Spaßfaktor 10. Wer sich einen Platz weiter hinten sichert, hat für einen kurzen Moment das Gefühl, schwerelos zu sein. Ab hier geht's immer wieder auf und ab, links in die Kurve, rechts in die Neigung, bis nach knapp anderthalb Minuten alles vorbei ist und die Füße unter den weichen Knien wieder Bodenkontakt bekommen. Nochmal? Dann nichts wie los!

Du kannst aber auch direkt die neuere Achterbahn Sky Scream besteigen, die blitzartig Nervenkitzel herstellt. Von Null auf Hundert in wenigen Sekunden geht's erst vorwärts die steilen Schienen rauf, dann wieder rückwärts durch die Halle und wie von einem unsichtbaren Faden gezogen senkrecht nach oben. Jetzt bloß nicht das Atmen vergessen! Wer unterwegs adrenalinsüchtig wird, kauft sich die Jahreskarte, die sich schon ab dem zweiten Besuch im Jahr lohnt.

INSIDER-TIPP
Achterbahn-Flatrate

2 **Holiday Park • Holiday Park Str., 67454 Haßloch • holidaypark.de • Eintritt: 38,50 Euro**

Allez, hop!
Zum Rutschen über die Grenze hüpfen

→ **Runter da, die Abkühlung erwartet dich unten – im Total Jump!**

→ **Schalte im Aqua Park in den (spaßigen) Wettkampfmodus – auf dem Wasser**

Die schwierigste Zeit im Jahr: Wenn die Sommerhitze schon langsam unbarmherzig ist – und der Urlaub am Meer in Frankreich trotzdem noch so weit weg. Die gute Nachricht: Es gibt einen Ort, der Mini-Urlaub und Abkühlung im Sommer kombiniert, und dazu musst du dir nur ein paar Stunden Zeit nehmen.

Dann geht's mit dem Auto, dem Fahrrad oder per Bahn ab nach Lauterbourg, gefühlt nur ein paar Meter hinter die deutsch-französische Grenze, wo die Plage des Mouettes – der Möwenstrand – herrliches Urlaubsfeeling verspricht – und die Rutschenanlage *Total Jump* einen ungewöhnlichen Weg ins kühle Nass. Über eine steile, kerzengerade Rutsche geht's rasant abwärts, ein kleines Stück Rampe sorgt kurz vor dem Wasserlevel nochmal für einen schnellen Höhenflug: Dann geht's per Salto in den erfrischenden See. Die nebeneinanderliegenden Bahnen sind super, um seine Freunde, wenn der Ansturm im Park es zulässt, zum Weitsprung-Contest herauszufordern.

Zum Rutschenparadies gibt es direkt nebenan auch einen Aqua Park derselben Betreiber – ein riesiger Spielplatz auf dem Wasser mit aufblasbaren Geräten, die ein bisschen aussehen wie gigantische schwimmende Hüpfburgen. Hier kannst du abspringen, hochklettern, runterrutschen, balancieren und dabei so richtig schön unelegant ins Wasser plumpsen. Wie, du bist kein Kind mehr? Na, das wollen wir doch mal sehen!

3 **Total Jump • Plage des Mouettes, 67630 Lauterbourg, Frankreich • total-jump.fr • Eintritt: ab 10 Euro**

Aquaglide

Am Felsen hängen
Zum Klettern im Pfälzerwald

→ **Eine der bekanntesten Touren im ganzen Klettergebiet: »Utopia« am Asselstein**

Wenn man sich in der Sonne zurücklehnt und über den weiten Wald in die Ferne schaut, ist alle Anstrengung vergessen … Schwierige Züge, die notwendig waren, um hier raufzukommen, schmerzende Fingerkuppen von etlichen Versuchen, eine Portion Mut und Durchhaltevermögen – das war es wert. Die Pfalz mit ihren Felsen aus Buntsandstein gehört zu den schönsten Klettergebieten Deutschlands, weil die Routen vielseitig und herausfordernd sind und die Landschaft einem regelmäßig den Atem raubt.

Kletterspots gibt's fast in jedem Winkel des Pfälzerwalds. Ein beliebter Anlaufpunkt mit abwechslungsreichen Routen ist der etwa 60 m hohe *Asselstein* im Süden von Annweiler, eine schmale Felsformation, die ein bisschen so wirkt, als hätte die Natur einen Aussichtsturm in den Wald gestellt. Hier wurden schon 1909 die ersten Kletterrouten begangen, die heute neben vielen anderen in einem Kletterführer beschrieben sind. Wer hier rauf will, braucht gutes Equipment und sollte ganz genau wissen, was er tut. Wer wenig Erfahrung im Klettern hat oder nur die Halle kennt, bucht vorab einen Kurs bei der Pfälzer Kletterschule Adrenalin Conzeptz, wo man auch das Buch kaufen kann. Kletterer, die lieber in Bodennähe bleiben, finden in der Pfalz auch Felsen, die sich gut zum Bouldern eignen, etwa am *Anebos*. Sportlich genauso herausfordernd wie die Kletterrouten, reichen hier mitgebrachte Bouldermatten – die Füße bleiben in Absprunghöhe. Sowohl beim Bouldern als auch beim Klettern müssen Naturschutzregeln und Felssperrungen beachtet werden; aktuelle Infos gibt's auf den Websites der Pfälzer Kletterer *(pfaelzer-kletterer.de)* und des DAV.

4 **Klettern am Asselstein, ab Parkplatz an der Kletterhütte • 76855 Annweiler a. Trifels**

5 **Bouldern am Anebos, z. B. ab Parkplatz Windhof • 76855 Annweiler a. Trifels**

Wilde dunkle Zeiten
Ein Rittermahl auf Burg Berwartstein

Wir schreiben das Jahr 1485 und auf Burg Berwartstein hausen noch die Raubritter. Von der Stille des Pfälzerwaldes ist man wenig beeindruckt, vielmehr angetan sind die Bewohner von der Macht, die die uneinnehmbare *Burg Berwartstein* ihrem Alltag verleiht, und von dem Fernblick, der dafür sorgt, dass das Anschleichen für Feinde, nun ja, schwierig ist. Das wird natürlich auch beim einen oder anderen Rittermahl so richtig gefeiert.

Gut, das Rittermahl, das du hier im 21. Jh. erlebst, zeigt vielleicht nicht ganz den Original-Alltag damaliger Ritter um den Burgherrn Hans Trapp, die eher Hirsebrei löffelten statt kulinarische Köstlichkeiten aus Fleisch und Milchprodukten – aber so können sich die Gäste in den Burgmauern immerhin fühlen wie der royale Besuch des Mittelalters. Sechs Gänge gibt's mit Suppe, Brot, Haxe und Käse und Mittelaltermusik als Stimmungsmacher. Ein Kaiserreich für diese Erfahrung!

Vor dem Essen geht's auf eine Führung durch die Anlage mit ihren dicken Mauern, mit mystisch dunklen Gängen, in denen noch heute Fackeln und Kerzen die einzigen Lichtquellen sind. Es geht zum Burgbrunnen, vorbei an Folter- und Waffenkammern und immer wieder entlang der beeindruckend dicken Burgmauern, die die Geschichte zum Leben erwecken. Wer den Ausflug auf die Burg abrunden will, bleibt am besten direkt über Nacht. Im Barbarossa-Turm oder in der Kurfürstensuite geht's auch über Nacht auf Zeitreise – und auf der Terrasse, die die Gäste mitbenutzen dürfen, gibt's Sternenkino … nach Lust und Laune bis zum Sonnenaufgang.

← **Mysteriös wabert der Nebel um die Burg Berwartstein …**

← **… und drinnen geht's bei der Führung durch düstere, geheimnisvolle Gänge**

INSIDER-TIPP
Schlaflos im Mittelalter

6 **Burg Berwartstein • 76891 Erlenbach • burgberwartstein.de**

Überm Urwald
In den Baumwipfeln wandern

→ **Genieß die Baumwipfel-Perspektive!**

Schaukeln, knarzen, rascheln, wer mit Höhenangst zu kämpfen hat, den kosten die ersten Schritte vielleicht Überwindung. Der Ausflug geht auf den *Baumwipfelpfad*, der zum Biosphärenhaus Pfälzerwald/Nordvogesen gehört und dich einfach mal spontan ein Stockwerk höher versetzt – zu all jenen Details, die dir sonst beim Waldspaziergang verborgen bleiben. Da erspähst du mit etwas Glück singende Vögel, spürst den Wind viel intensiver als unten am Waldweg und bekommst quasi VIP-Zugang zu den Wipfeln der Bäume. Und das alles im ersten je von der UNESCO ausgewiesenen Biosphärenreservat, das Landesgrenzen überschreitet.

INSIDER-TIPP
Spannende Wald-Uni

Über 300 m führt der Weg in etwa 15 m Höhe über dem Erdboden durch die Natur. Wer nicht nur Aus- und Einblicke genießen, sondern auch eine ganze Portion Wissen mit nach Hause nehmen will, bucht die Wipfelforscher-Rallye für unterwegs gleich mit dazu. Schon runter geguckt von der Hängebrücke? Dann trau dich, denn der Aufstieg soll sich ja schließlich auch gelohnt haben.

Weiter geht's über eine schaukelnde Tellerbrücke zu einem ersten Aussichtspunkt, dem Adlerhorst. Ab hier können sich potenziell weiche Knie erstmal erholen, denn an den Infostationen auf den festen Holzstegen, über die du jetzt bis zum Ausstieg läufst, ist die Höhe schon langsam wieder vergessen. Zum Schluss geht's nochmal hoch hinaus auf den 40 m hohen Aussichtsturm, von dem eine Rutsche wieder runterführt. Noch Fragen? Dann kannst du bei den Biosphärenwegen rund um das Infozentrum auch auf festem Boden weiter auf Spurensuche gehen.

7 **Baumwipfelpfad am Biosphärenhaus Pfälzerwald/Nordvogesen • Am Königsbruch 1, 66996 Fischbach b. Dahn • biosphaerenhaus.de • Eintritt: 9 Euro**

Mayday!
Astronaut, Pilot und U-Boot-Kapitän an einem Tag

→ Eines der größten Propeller-Flugzeuge – erkunde die An-22 von außen und sogar von innen!

→ Im Museum reist du zum Mond. Sozusagen …

Einmal durch die Cockpit-Fenster aus der Boeing 747 geguckt, einmal die engen Wände des U-Boots um dich herum wahrgenommen, einmal den ersten Fuß ins Space Shuttle Buran gesetzt – schwupps hat die Technik dahinter dich schon voll in ihren Bann gezogen. Dass sich hier nichts mehr durch die Luft, unter Wasser oder in fremden Galaxien bewegt, ist schnell vergessen. Gegründet wurden die Technik-Museen in Speyer und Sinsheim von Liebhabern, die sich von Oldtimern über alte Orgeln bis hin zu Schiffen und Flugzeugen aller Größen und Formen für so ziemlich alles begeistern, was mal irgendwann funktioniert hat. Viele Ausstellungsstücke sind – zumindest theoretisch – auch heute noch startklar. Was aber nicht bedeutet, dass die Boeing 747 sich einen Millimeter bewegen wird, während du auf ihrer Tragfläche stehst, den Frachtraum erkundest oder von hier oben durch die Rutsche wieder zurück Richtung Boden saust.

Und es heißt ebenfalls nicht, dass im *Technik Museum Speyer* Bewegung und Nervenkitzel ausgeschlossen sind. Für die nötige Action sorgt ein Abstecher ins direkt nebenan gelegene Kino IMAX, dessen Filme dich mitnehmen in Unterwasserwelten, in Luft und Weltraum und in ganz entlegene Winkel der Welt mit faszinierenden Landschaften und atemberaubender Natur. Das Besondere: Statt auf eine Leinwand wird hier auf eine Kuppel projiziert … Und so hat die Boeing 747 dich dann also quasi doch nochmal an neue Orte und zu neuen Abenteuern gebracht.

8 Technik Museum Speyer • Am Technik-Museum 1, 67346 Speyer • speyer.technik-museum.de • Kombi-Ticket Museum und IMAX 22 Euro

ANTONOV 22

Wandern in schnell
Beim Trailrunning Tempo machen

Nur Joggen am Rhein? Wo bleibt denn da die Herausforderung? Ambitionierte Fans des Laufsports in der Pfalz sind seit einigen Jahren einem Trend verfallen, in den der Pfälzerwald und das Nordpfälzer Bergland den besten Einstieg bieten. Denn die Kombi aus guten Wegen, moderaten Steigungen, spektakulären Aussichten und spannenden Felsformationen ist hier wirklich überragend. Wer die besten Strecken zum *Trailrunning* finden möchte, bekommt schon nach einer kurzen Internetrecherche so viele Ideen, dass man alle Wochenenden verplanen könnte … Schöne Touren, mit denen man das Trailrunning auch als (sportlich erprobter) Einsteiger entdecken kann, liegen z. B. an der Haardt. Hier startest du etwa im Norden von *Klingenmünster* – vorbei an Waldschlössel und dem Martinsturm geht's über die Burg Landeck zurück zum Start. Unterwegs ist Pause machen dank der Aussichten aber Pflicht. Für den Start lassen sich die ersten 2 km auch genusswandern. Schweißtreibend wird es ab hier noch genug.

Und wenn du dann dem Trailrunning verfallen bist und Lust auf eine Herausforderung hast, schalte doch einfach gleich in den Wettkampfmodus. Beide Pfälzer Wettkampf-Trails sind nur bedingt für Ungeübte geeignet, der *Pfälzer Berglandtrail*, der über drei Tage läuft, kann immerhin als Staffel gelaufen werden. Beim *Pfalztrail* gibt es auch Kurzstrecken und Trails für Kinder.

← Für fortgeschrittene Trailrunner ist bei Burg Lichtenberg der Etappenstart des Pfälzer Berglandtrails

← Über Stock, Stein und Wurzeln – das ist Trailrunning

9 **Einstieg am Parkplatz am Johannaweg • 76889 Klingenmünster**

10 **PfalzTrail im Leiningerland • Einstieg L520 Hertlingshausen, 67316 Carlsberg • pfalztrail.de**

11 **Pfälzer Berglandtrail • Etappenstart Burg Lichtenberg, 66871 Thallichtenberg • pfaelzer-bergland trail.de**

Der Kobra in die Augen schauen Im größten Reptilienzoo Deutschlands

→ **Im Dämmerlicht: Auge in Auge mit exotischen Tieren**

Eine Theorie besagt, dass der Mensch immer genau vor dem Angst hat, was ihm am wenigsten ähnlich ist. Darum die Sache mit der Arachnophobie und einer Angst, die zwar ähnlich weit verbreitet ist, aber weitaus weniger in aller Munde – der Ophidiophobie … der Angst vor Schlangen. Bereit, sie zu überwinden?

Dann ist die regelmäßig stattfindende Zoonacht im *Reptilium Landau* doch genau das Richtige für dich. Hier, im größten Reptilienzoo in Deutschland, leben ganz unterschiedliche Arten von Pythons, Kobras und Boas, dazu die verschiedensten Arten von Agamen, Chamäleons, Echsen, Waranen, Gekkos und Leguanen. Faszinierend, aber auch irgendwie ein klein wenig unheimlich, wenn die Tiere sich ganz elegant durchs Dämmerlicht bewegen. Das ist dir noch nicht Mutprobe genug? Dann verbring doch gleich die Nacht hier: Ein zeltartiger Schlafwürfel auf dem Gang zwischen den Riesenterrarien kann nächteweise gemietet werden (130 Euro) und gibt dir die Möglichkeit, durch die großen Fenster die ganze Nacht lang alles ganz genau zu beobachten.

INSIDER-TIPP
Na dann gute Nacht!

Das Eintauchen in die Welt der Reptilien hilft letztlich aber auch dabei, die Angst hinter sich zu lassen. Die Schaufütterungen, Führungen und vielen Erklärungen über die Tiere, die einem hier zahllose Informationen bieten, sorgen dafür, dass man die Tiere besser versteht und vielleicht auch merkt, dass sie uns trotz exotisch urzeitlichem Jurassic-Park-Feeling gar nicht mal so unähnlich sind. Auch wenn ihnen die 25 bis 30 Grad, die hier rund ums Jahr herrschen, wohl meistens lieber sind als ihren Besuchern. Aber das ist dann ja wirklich deren Problem.

12 **Reptilium Landau • Werner-Heisenberg-Str. 1, 76829 Landau • reptilium-landau.de • Eintritt: 15,90 Euro**

Spritzige Mutprobe
Mitten im Wald vom 10er springen

Jetzt bloß nicht runtergucken, sonst kommst du am Ende noch ins Grübeln. Was schade wäre, denn streng genommen hast du, wenn die Stufen zum Zehner erstmal erklommen sind, den anstrengenden Teil des Badeabenteuers eigentlich hinter dir. Drum: Aussicht genießen und tief Luft holen. Ist erstmal zum Sprung angesetzt, ist die Sache praktisch auch schon wieder gelaufen.

← Rein ins kühle Nass!

Während es in den meisten Großstädten und Metropolregionen 10-Meter-Türme zur Genüge gibt, verstecken sich andere, trotz ihrer stattlichen Höhe, in einigen Landzügen recht erfolgreich. So auch in der Pfalz. Aber dafür liegen die beiden Riesentürme, fast als hätten sie sich abgesprochen, in zwei der schönsten Bäder des Landes – mitten im Wald.

Am bekanntesten ist sicher der Turm im Kaiserslauterner *Freibad Waschmühle*, das schon seit über 100 Jahren am Nordrand der Stadt Badefans anlockt. Die »Wesch« geht auf die Initiative der Gründungsmitglieder des Kaiserslauterner Schwimmvereins zurück, die Gründungszeit hat mit einer guten Portion geschütztem Jugendstil ihre Spuren hinterlassen.

Ein zweiter Pfälzer Sprungturm, auf dem es ganz hoch hinausgeht, ist in Eisenberg etwas östlich, etwa auf halbem Weg zwischen Kaiserslautern und Worms. Im *Waldschwimmbad Eisenberg* kannst du, ist die Mutprobe erstmal überstanden, ganz entspannt in den Chillmodus abtauchen. Es sei denn, du hast – bildlich gesprochen (!) – Blut geleckt … Dann nichts wie los die Stufen rauf!

13 **Freibad Waschmühle • Waschmühle 1, 67659 Kaiserslautern • Eintritt: ab 2,30 Euro**

14 **Waldschwimmbad Eisenberg • Friedrich-Ebert-Str. 60, 67304 Eisenberg • Eintritt: 6 Euro**

Temposucht
Adrenalin jagen auf der Kartbahn

→ **Gas geben – auf der Gokartbahn in Kaiserslautern**

Spätestens nach der ersten Runde solltest du vergessen haben, dass das hier nicht der Große Preis von Deutschland ist … Die Geschwindigkeit pumpt Adrenalin ins Blut, die Nähe zur Fahrbahn sorgt für ein ganz ungewohntes Fahrerlebnis und den Typen da hinter dir, den lässt du jetzt aber mal sowas von gar nicht vorbei! Den Sieg lässt du dir nicht mehr nehmen, stellt schon mal den Champagner kalt!

Wer beim Kartfahren einmal Blut geleckt hat, der kommt in der Regel immer wieder auf die Rennstrecken zurück, die einem trotz fehlender Formel-1-Geschwindigkeit zuweilen ganz schön schnell vorkommen können. Gute 60 km/h ist die Topgeschwindigkeit, die man hier erreichen kann. In Kombination mit dem Rennfieber und der ungewohnt tiefen Sitzhöhe tut's das fürs Renngefühl auf alle Fälle.

Buchen kannst du im *Kart Center Landau* und bei der *Gokartbahn Kaiserslautern* entweder Slots ab zehn Minuten Fahrzeit oder eins von unterschiedlichen Rennformaten. Dann gibt's verschieden lange Trainingszeiten, bevor es in die Startaufstellung geht und du zum ersten Mal den Motor heulen lassen kannst. Die Besonderheit auf der Bahn in Kaiserslautern: Hier gibt's mit den Doppelsitzer-Karts auch die Möglichkeit, gemeinsam auf die Bahn zu gehen, etwa wenn die Kids erstmal als Beifahrer die Strecke testen wollen. Selbst fahren dürfen Kinder übrigens schon ab acht Jahren. Die Geschwindigkeit wird dann entsprechend runtergeregelt.

15 **Kart Center Landau • Im Justus 4, 76829 Landau • kartcenter-landau.de**

16 **Gokartbahn Kaiserslautern • Merkurstr. 3b, 67663 Kaiserslautern • gokartbahn.net**

Suchstollen

Ab ins Innere der Erde

Sich wie ein Bergmann fühlen

← In den Besucherbergwerken Imsbach erfährst du Allerlei über die Arbeit der Bergleute

Wenn der Helm sitzt und Jacke oder Pullover übergestreift sind, kann das Abenteuer auch schon beginnen. Es geht ins Innere der Erde, durch lange Gänge in eine Welt, die für Bergleute noch vor wenigen Jahrzehnten Alltag war. Einfach war die Arbeit hier unten ganz sicher nicht, das kannst du dir vermutlich auch ohne Führung vorstellen.

Dass im *St. Anna Stollen in Nothweiler* und in den *Besucherbergwerken Imsbach* sehr wohl erfahrene Führer in Sachen Bergbau und seine Geschichte dabei sind, hat mehrere Vorteile, darunter den Umstand, dass es für Ortsfremde schon ganz schön gruselig sein kann so tief im Berg. Dazu kommt, dass du unterwegs viel über die Arbeitsbedingungen zu hören bekommst und – das ist ja der eigentliche Grund, warum du plötzlich einfach so mitten im Berg stehen kannst – wie die kostbaren Rohstoffe hier überhaupt herkamen und anhand welcher Spuren man sie heute noch erkennt.

Zum Bergwerkerlebnis in Imsbach gehören neben den beiden Besuchergruben auch ein Museum und drei Bergbauwanderwege, zum Stollen in Nothweiler gehört ein Informationszentrum. Während in den zahlreichen Gruben in der Nordpfalz über die Jahre vor allem Kupfererze, Kobalt und Silber abgebaut wurden, war im St. Anna Stollen unweit der französischen Grenze das Eisenerz jahrhundertelang prägend für den Ort und seine Bevölkerung.

17 **St. Anna Stollen Nothweiler • 76891 Nothweiler • Eintritt: 5 Euro**

18 **Besucherbergwerke Imsbach • Langental 1, 76817 Imsbach • bew-imsbach.de • Eintritt: 4 Euro**

Rollen lassen
Auf dem Mountainbike durchs Gelände

→ **An der südlichen Weinstrasse führen etwa Mountainbike-Strecken entlang**

→ **Weniger anstrengend: die Touren im Donnersberger Land**

INSIDER-TIPP
Übung macht den Meister

Bereit für ein bisschen Tempo? Dann Helm aufsetzen, aufs Rad schwingen und ab in die Berge. Die sind in der Pfalz zwar nicht die Alpen, dafür warten aber trotzdem ganz schön spektakuläre Abfahrten mit Ausblicken bis nach übermorgen auf jeden, der Abenteuer sucht.

Besonders dicht mit guten Strecken besiedelt ist – Ehrensache – der Pfälzerwald, der am Haardtrand entlang, genau wie im Wasgau und im Herzen des Waldes rund um Johanniskreuz, gute zwei Dutzend Touren bietet, die vor allem für Fahrer mit etwas Erfahrung geeignet sind. Wer als Anfänger unterwegs ist, kann sich aber auch bei einer der vielen Bikeschulen, die man auf der Website des *Mountainbikepark Pfälzerwald* findet, für einen Kurs anmelden und gleich noch das zugehörige Equipment leihen. Vom erfahrenen Profi lernst du dann die richtige Technik, viel zum Thema Sicherheit und welche Art von Strecke dir auf dem Mountainbike am leichtesten fällt, denn einige der vorgeschlagenen Strecken im Bikepark haben es mit 1500 Höhenmetern aufwärts schon echt in sich.

Etwas gemächlicher geht's da oft bei den *geführten Touren im Donnersberger Land* zu, von denen einige auch problemlos familientauglich sind. Alle Touren, die die Touristik-Organisation jährlich in Terminkalendern herausbringt, sind Rundtouren und erfordern eigenes Equipment sowie in jedem Fall ein bisschen Bike-Erfahrung. Infos zu den konkreten Eckdaten der Strecken gibt's auch bei den jeweiligen Terminen.

19 **Mountainbikepark Pfälzerwald • diverse Toureneinstiege • mountainbikepark-pfaelzerwald.de**

20 **Geführte Mountainbike-Touren Donnersberg • donnersberg-touristik.de**

Jump arena

Fliegen lernen Im Trampolinpark durch die Luft wirbeln

Hast du schon mal die perfekte Mischung aus Hochleistungssport und Kindergeburtstag erlebt? Na, dann ist es dringend Zeit für einen Besuch in der Trampolinhalle. Mit speziellen Trampolinsocken geht's ab auf die fest gespannte Unterlage, ein oder zwei Mal leicht aufgedotzt, kommt auch gleich Schwung in die Sache. Traust du dir den Salto zu? So easy ausprobiert wie hier ist er jedenfalls sonst nirgendwo.

Ein Anlaufpunkt in der Westpfalz ist die *Trampolin Jump Arena* in Kaiserslautern, wo du – bei der richtigen Motivation – auf langen Bahnen und unter fachkundiger Anleitung der Coaches sogar Saltos und Flic Flacs üben kannst. Sprungzeit buchst du hier ganz einfach pro Stunde.

Im *Trampolinpark Bacejump* in Landau wartet zusätzlich zu den Trampolinbahnen zum Slamdunk und Saltos üben noch eine weitere Herausforderung auf dich, bei der du deine Ninja-Fähigkeiten testen kannst. Da wird dann balanciert, gehangelt, geschwungen und gesprungen. Und falls die Kraft doch mal nachlässt, fällst du weich in ein Meer aus Schaumstoffwürfeln … Das Gefühl, in einem gigantischen Bällebad gelandet zu sein, macht die Kindheitsillusion dann in jedem Fall perfekt. Wer da nicht nach ein paar Stunden Training mit einer guten Ladung Muskelkater aufwacht, der muss am nächsten Tag eben direkt weitermachen. Der Suchtfaktor ist jedenfalls ganz schön hoch.

← Spaß für Klein und Groß: die Trampolin Jump Arena …

← und der Bacejump Trampolinpark

21 **Trampolin Jump Arena • Kaiserstr. 38, 67663 Kaiserslautern • trampolinjumparena.de**

22 **Bacejump Trampolinpark • Albert-Einstein-Str. 8, 76829 Landau • bacejump.de**

Farbenschlacht
So richtig auspowern beim Paintball

↓ **Darf's ein bisschen Farbe und Spaß sein? Voller bunter Farbe sind die Spieler am Ende der Paintball-Action**

Mit Schach hat das Spielfeld beim Paintball wenig zu tun – eher mit einem gigantischen Kinderspielplatz … Aber ist die Gruppe erstmal gestartet, wird es dann auch ganz schnell ernst – todernst. Denn zwischen dir und deinen Freunden herrscht jetzt ein erbitterter Kampf um die beste Taktik, die schnellsten Reaktionen und die sichersten Treffer. Wer am Ende gewinnt? Na der, der am meisten Spaß hat, natürlich!

Drei Stunden hast du Zeit, den Alltag zu verlassen und ins Outdoor-Spielfeld der Paintball-Anlage abzutauchen. Am Anfang des Erlebnisses werden dir die Regeln und der Paintball-Markierer erklärt, in den jeder Spieler gleich viele Farbkügelchen als Ladung

bekommt. 200 Stück – also taktisch klug einsetzen! Dazu gibt's einen Gesichtsschutz und ein Teamleibchen, damit man nicht versehentlich die eigenen Leute erwischt – oder zumindest später nicht behaupten kann, es wäre keine Absicht gewesen.

Sobald das Spiel gestartet ist, sind die Hindernisse auf dem Feld dein bester Freund. Jetzt heißt's Deckung suchen, Verstecke finden und Gegner ausmachen, schlauer sein als deine Freunde, schneller und zielsicherer. Oder zumindest ein guter Verlierer, der das Spiel einfach als solches versteht und über die gegnerischen Treffer lachen kann. Am Ende ist's ja zum Glück auch nur Farbe. Die Saison bei *Paintball Weinstraße* geht von Frühjahr bis Herbst, die Teilnahme kannst du allein oder auch für eine ganze Gruppe buchen.

23 Paintball Weinstraße • Buschwiesenhof, 67433 Neustadt a. d. W. • paintball-pfalz.de

Gestresst? Dann tief durchatmen, Ommm, die entspanntesten Auszeiten liegen gleich hier um die Ecke. Schwimmen im Burggraben, Yoga im Wald, mit dem Kanu übers Wasser gleiten. Hier findest du ganz schnell wieder zur eigenen Mitte.

Die ruhigen Ecken

Entspannen von minimalistisch bis luxuriös

Immer der Muschel nach Auf dem Pfälzer Jakobsweg

→ **Panoramablicke begleiten den Pfälzer Jakobsweg**

→ **Die Muschel weist dir den Weg …**

Dass so eine Pilgerauszeit – ganz unabhängig von Religion und Glaube – Wunder wirken kann, ist längst bekannt. Der Trend zum Pilgern ist ungebrochen, und einige Routen in Deutschland sorgen sogar dafür, dass man, um das zu testen, noch nicht mal wochenlang durch Spanien wandern muss. Der *Pfälzer Jakobsweg* führt über sechs Tagesetappen von je knapp 25 km vom Kaiserdom in Speyer unweit des Rheins zum Kloster Hornbach ganz im Südwesten der Pfalz zwischen Zweibrücken und französischer Grenze.

Zum Ziel führen gleich zwei Wege: Die etwas schwerere ist die Nordroute über Neustadt, Elmstein, Schopp, Martinshöhe und Homburg (Saar) mit Übernachtungen in einigen Wanderhütten (Öffnungszeiten beachten!) mitten im Wald. Ebenfalls anspruchsvoll, aber mit weniger Steigungen, führt die Südroute über Germersheim, Landau, Bad Bergzabern, Bruchweiler und Eppenbrunn durch die Rheinebene und über Weinberge hinein in den südlichen Pfälzerwald. Knapp 2500 m Gesamtaufstieg sind aber auch hier zu überwinden.

Unterwegs gibt es dann nur noch dich und die Natur. In dieser wunderschönen Landschaft kannst du auch ganz leicht mal das Fern- und Pilgerwandern antesten. Statt Pyrenäen-Überquerung geht's vorbei an Sandsteinfelsen und endlos weiten Weinbergen, am Ziel wartet ein Logenblick nach Frankreich, mittenrein in die Vogesen. Das Ziel ist das im 8. Jh. errichtete Kloster Hornbach, das inzwischen praktischerweise zum modernen Klosterhotel umgebaut ist. Hier angekommen, kann man ruhig noch ein paar Tage für Wellness und Waldbaden anhängen.

INSIDER-TIPP **Verdiente Auszeit**

1 Pfälzer Jakobsweg • Einstieg z. B. am Speyerer Dom, Domplatz, 67346 Speyer • jakobswege-europa.de

Pfälzer Jakobsweg

Urwaldgefühle
Mit dem Kanu durchs Glantal gleiten

Da könnte man doch glatt vergessen, dass man nicht allein auf der Welt ist. Wenn das Kanu so ruhig durchs Wasser zieht und außer dem stetigen Plätschern nur noch die Geräusche der Natur die Stille durchbrechen. Das Flattern der Libellen, das Zwitschern von Vögeln und das Rascheln in den Gräsern und Bäumen am Ufer … Die Zivilisation hat einfach mal Pause, jetzt dreht sich alles nur noch um dich und die herrliche Natur.

← Ab ins Kanu, Paddel in die Hände und das Glantal erkunden

Der Star der Tour ist hier ohne Frage das Glantal unterhalb des Nordpfälzer Berglands. Der Glan entspringt im Saarland, fließt aber schon 2 km weiter in die Nordpfalz, die er in Richtung Norden durchplätschert, der Natur rechts und links der Ufer zu saftigem Grün verhilft und den Ortschaften, durch die er fließt, einen besonderen Charme verleiht: Zu den größten Siedlungen am Glan gehören Altenglan, Lauterecken und Meisenheim.

In Meisenheim startet auch einer der schönsten Abschnitte des Glan, dessen Entdeckung aus keiner Perspektive schöner ist als vom Wasser aus. Also nichts wie rein ins Kanu und ran an die Paddel. Falls du noch nie gepaddelt hast, gibt's bei der Einführung am Start in Meisenheim vom *Kanuverleih Glan* alle Infos, die du brauchst. Dann geht's flussabwärts durch urwaldartige Landschaften bis nach Odernheim, wo der Glan kaum einen Kilometer weiter in die Nahe mündet.

Wenn du das Abenteuer auf zwei Tage verlängern willst, kannst du mit einer Gruppe ab 6 Personen eine Tour mit Übernachtung im Tipi-Zelt mitten in der Landschaft des Glantals buchen. Am ersten Tag wird das Camp in Baumholder aufgeschlagen, am zweiten geht's per Kanu von Medard nach Rehborn.

INSIDER-TIPP
Eins mit der Natur

2 Kanuverleih Glan • Hans-Franck-Str., 55590 Meisenheim • kanuverleih-glan.de

Erster!
Frühschwimmen unter Burgmauern

→ **Tauche ein ins kalte Wasser – und in vergangene Zeiten**

Es gibt Gründe, für die lohnt sich das Frühaufstehen selbst an freien Tagen. Und das ruhige kühle Wasser, das in der Kulisse jahrhundertealter Mauern im Becken des Altleininger Freibads funkelt, gehört ohne Frage dazu. Wer pünktlich um kurz nach neun unterwegs Richtung Kassenhäuschen ist, der hat morgens gute Chancen, zu den Ersten im Becken zu gehören und einige ruhige Runden zu ziehen, bevor die große Schar der Abkühlungsuchenden genug von der Sommerhitze hat und auf die gleiche Idee kommt.

Was das *Freibad in Altleiningen* so besonders macht, ist die Tatsache, dass sein Becken direkt in den Burggraben der Ruine Altleiningen hineingebaut wurde und nur wenige Meter vom Beckenrand entfernt die Überreste fast tausend Jahre alter Mauern in die Höhe ragen. Die einstige Höhenburg wurde im frühen 12. Jh. vom fränkischen Adelsgeschlecht der Leininger bewohnt, die hier damals das Land besaßen. Im Bauernkrieg der 1520er-Jahre wurde die Burg das erste Mal zerstört, aber rasch wieder aufgebaut – die Angriffe unter Sonnenkönig Ludwig XIV. im Pfälzischen Erbfolgekrieg überlebte die Ritterfestung jedoch nicht. Heute sorgt eine in die Überreste der Burg integrierte Jugendherberge für Leben in den historischen Gemäuern.

Sind die Runden fertig gezogen, die Arme langsam schwer und der Körper vom erfrischenden Wasser in der Sommerhitze abgekühlt, lehnst du dich am besten nochmal am Beckenrand zurück und lässt dich von den Mauern mitnehmen auf eine Reise ins Mittelalter. Wie die Ritter wohl gestaunt hätten über die Badegäste, die heute hier friedliche Sommertage genießen?

3 **Freibad Altleiningen • Burg, 67317 Altleiningen • Eintritt: 3 Euro**

Tour de Pfalz
Unterwegs mit der Draisine

← Ungewöhnliche Ausfahrt: mit der Draisine durchs Nordpfälzer Bergland

Schnell ans Ziel zu kommen ist was für Orte, an denen es nichts zu verpassen gibt. Sprich: heute völlig überbewertet. Die Fahrrad-Draisinen im Nordpfälzer Bergland ermöglichen eine Radtour auf Schienen, 20 oder sogar 40 km durch die herrliche Hügellandschaft der Nordpfalz. Der Vorteil an dem Ganzen ist, dass sich immer zwei Menschen das Radeln teilen – gemeinsam also faktisch stärker sind. Der Nachteil: Die Draisine ist auch etwas schwieriger zu bewegen als so ein federleichtes modernes Rad. Aber dass mehr »Zeit zum Gugge« bleibt, ist bei einer Strecke, auf der Karten, GPS-Apps und Biegungen dank vorgegebenem Streckenverlauf keine Rolle spielen, ja irgendwo auch von Vorteil.

Gestartet wird je nach gebuchter *Draisinentour* in Lauterecken, Altenglan oder Staudernheim, die Start- und Zielorte wechseln je nach Tagesprogramm. Platz ist auf den normalen Fahrraddraisinen für bis zu vier Mitfahrer, die sich beim Radeln natürlich auch Abwechseln können. Wandergepäck oder sogar Fahrräder – für die ganz Motivierten, die am Zielort angekommen immer noch nicht genug haben – passen hinter die Sitzbank.

Dir ist das Strampeln trotz geteilter Arbeit noch zu viel Anstrengung für einen entspannten Urlaubstag? Na gut, dann kann man ja dank moderner Technik auch ein bisschen schummeln: Für einen Aufpreis bekommst du eine Draisine mit Elektromotor, der dir und deiner Begleitung beim Fahren nochmal eine gute Portion Arbeit abnimmt. Der Etappensieg bei der Tour de Pfalz ist hier ohnehin das Erlebnis an sich.

4 **Draisinentour Pfälzer Bergland • z. B. ab Altenglan, Bahnhof, 66885 Altenglan • draisinentour.de**

Pfälzer Dampf
Abschalten in der Rieslingsauna

Manchmal, da muss man einfach für einen Tag die Welt anhalten. Wenn Stress und Alltag zuschlagen oder die Seele einfach nur so mal ein paar Stunden Auszeit braucht … Dann hilft ein kleiner Urlaub für die Sinne in eine Welt, wo sanftes Plätschern in der Luft liegt, Wärme auf der Haut und der Duft von Massageöl in der Nase. Ab in die Therme!

INSIDER-TIPP
Erstmal ankommen

Dafür geht's in der Südpfalz in eine Kurstadt, die zwar Expertin in Sachen Relaxen, aber alles andere als verschlafen ist. Unterwegs zur *Südpfalz-Therme* machst du bei schönem Wetter einen kleinen Abstecher in den Kurpark Bad Bergzabern, der dir mit viel Grün und seltenen Bäumen hilft, im Hier und Jetzt zu landen und den Auszeittag gebührend zu starten. Wenige Meter entfernt geht's dann an der Kasse vorbei Richtung Tiefenentspannung.

Das Thermalwasser kommt aus der vor über 40 Jahren gebohrten Petronellaquelle, 450 m unter der Erde. Neben den Becken drinnen und draußen gibt es einen Barfußpfad, eine Liegewiese im Außenbereich und etliche Saunen. Zu den Besonderheiten gehören die 80 Grad warme Rieslingsauna im Weinkeller-Ambiente und eine Rosen-Sauna, in der Rosenquarzsteine für Harmonie sorgen sollen. Aufgüsse gibt's typisch pfälzisch mit den Aromen Mandelblüte, Feige und Traube – je nach Saison.

→ Sobald du das viele Grün im Kurpark siehst, fängst du an zu entspannen

→ Und damit machst du in der Südpfalz-Therme weiter

Einer der schönsten Bereiche des Bads ist die atmosphärische Salzgrotte. Zu den Spa-Angeboten der Südpfalz-Therme, die du genau wie die Salzgrotte zusätzlich zum Eintritt bezahlen musst, gehören Massagen, spezielle Badewannen, Peelings und ein Sand-Licht-Bad.

5 **Südpfalz-Therme • Kurtalstr. 27, 76887 Bad Bergzabern • suedpfalz-therme.de • Eintritt: ab 11 Euro**

Pfälzisch Kanada
Auf Entdeckungstour am Eiswoog

→ **Geheimnisvoll und grün – der Eiswoog verströmt einen eigenen Charme**

Wenn sich die Baumwipfel im Wasser spiegeln, wirkt der Wald gleich doppelt so beeindruckend, oder? Der *Eiswoog*, der sich im Herzen des Pfälzerwalds etwa auf halber Strecke zwischen Bad Dürkheim und Kaiserslautern aus dem Wasser des Eisbachs staut, ist völlig unabhängig von Jahreszeiten einer der magischsten Orte der Pfalz. Im Herbst hüllt der Nebel die Gegend in mystische Stimmung, im Sommer kommt einem das Grün des Waldes dank der Spiegelungen im klaren Wasser noch ein bisschen grüner vor.

Vom Parkplatz aus kannst du hier problemlos den ganzen Tag lang auf Entdeckungsreise gehen – immer am Ufer entlang, wo du hin und wieder auch Wasserbewohner zu sehen bekommst, über die Bachläufe, die südlich des Sees immerzu für Wassernachschub sorgen. Im Norden des Sees geht's auch an einer stillgelegten Bahnstrecke auf Abenteuersuche – ein Viadukt und ein Tunnel zeugen noch heute davon, wie früher ratternde Züge Passagiere und Waren in die Westpfalz und zurück transportierten. Die Bahnhaltestelle wird an Wochenenden aber immerhin noch zum Ziel der Stumpfwaldbahn, die je nach Termin und Waldbrandgefahr mit Diesel- oder Dampfzügen gemütlich die gut 4 km lange Strecke entlang schnauft *(stumpfwaldbahn.de)*.

INSIDER-TIPP
Zum Leben erweckt

Vor lauter Entdeckergeist hungrig geworden? Im Seehaus Forelle *(seehaus-forelle.de)* gibt's u. a. leckeren Fisch aus der nur wenige Meter entfernten Forellenzucht und – für alle, die von der Stille der Natur noch nicht genug haben – auch eine Übernachtungsmöglichkeit.

6 **Eiswoog • 67305 Ramsen**

Mach mir den Baum! Beim Yogawandern im Wald

← Viel schöner als im tristen Studio: Yoga im Pfälzerwald

Gibt's was Schöneres, als bei einer Runde Yoga mal wieder die Energie von Körper und Geist zusammenzubringen? Wenn man in der Pose des Baumes ganz ruhig auf einem Bein steht, die Muskeln anspannt, die Augen auf einen Punkt in der Ferne richtet und ganz ruhig und kontrolliert atmet … Und wenn du bei dieser Übung von Bäumen und Geräuschen des Waldes umgeben bist, lässt sich die Schönheit des Augenblicks sogar noch richtig auf die Spitze treiben.

Jetzt könntest du natürlich auch einfach die Yogamatte unter den Arm klemmen und losmarschieren, unter Anleitung und in der Gruppe ist es aber gerade für Nicht-Profis der philosophischen Lehre aus Indien sicher die geeignetere Methode. Bei den Kursen »Yoga und Wandern«, die du beim Outdoor-Fitness-Anbieter *Natursprung Pfalz* buchen kannst, nehmen dich erfahrene und ortskundige Yogis mit in den Pfälzerwald zu den schönsten Winkeln der Natur. Dorthin, wo man sich ganz auf die heilende Wirkung der Entspannungssportart konzentrieren kann, die dem Alltag mal für gute fünf Stunden einen herrlichen Kontrast bietet. Die Wanderung ums Yoga herum führt auf etwa 10 km immer wieder über andere Strecken in der Umgebung des Dahner Felsenlands.

Du willst erstmal ohne Yoga ins Walderlebnis einsteigen und mit Achtsamkeits- und Entspannungsübungen vor allem was für die mentale Gesundheit tun? Natursprung hat auch Gesundheitswanderungen im Programm – mit verschiedenen Schwerpunkten und Schwierigkeiten, was Höhenmeter und Strecken angeht, sowie einer sympathischen, professionellen Entspannungspädagogin und Gesundheitsberaterin als Coach.

7 **Natursprung Pfalz • Treffpunkt je nach Kurs im Umkreis, 66994 Dahn • natursprung-pfalz.de**

Konichiwa! Im größten Japanischen Garten Europas

→ **Umherspazieren, zur Ruhe kommen und die Anlage bewundern: im Japanischen Garten in Kaiserslautern**

Japan liegt in Kaiserslautern. Ganz richtig – fürs Nipponfeeling musst du nicht erst stundenlang durch die Weltgeschichte fliegen, ein Bahnticket nach Kaiserslautern reicht vollkommen. Kurzer Bummel durch die trubelige Innenstadt, dann ist man auch schon drin in einer anderen Welt. In dem gut 14 000 m² großen *Japanischen Garten* schlucken abertausende Blätter die Geräusche der zweitgrößten Stadt der Pfalz, plätschernde Wasserfälle bestimmen vom Eingang an die Geräuschkulisse.

Die Besonderheit Japanischer Gärten, nämlich dass die Natur hier aus allen Perspektiven als Kunstwerk inszeniert wird, haben auch die Gärtner in Kaiserslautern umgesetzt. Auf dem leicht hügeligen Gelände gibt es Teiche, Felsformationen und einen Zen-Garten sowie original japanische Bauwerke, die die Illusion perfekt erscheinen lassen. Nach typisch japanischem Konzept haben Symmetrie und gerade Achsen auf den Wegen nichts zu suchen, auf den schmalen, verspielt verschlungenen Pfaden kann man quasi gar nicht anders als zu schlendern.

Wer sich jetzt auch noch für Botanik begeistert, hat hier den Jackpot geknackt. Da die heutige Anlage am Standort eines vom berühmten Landschaftsarchitekten Heinrich Siesmayer geplanten Gartens errichtet wurde, erinnern noch einige über 100 Jahre alte Baumriesen an vergangene Zeiten. Dass der Rest sich ganz authentisch japanisch anfühlt, dafür sorgt der Trägerverein, der auch eng mit Gartenexperten der japanischen Partnerstadt Bunkyō bei Tokio zusammenarbeitet.

8 **Japanischer Garten • Am Abendsberg 1, 67657 Kaiserslautern • Eintritt: 5,50 Euro**

Auf Waldsafari
Luchse und Rotwild besuchen

Wer muss schon in Afrika Elefanten und Giraffen suchen, wenn er die Big Five der Pfalz haben kann? Zu den stolzesten Tieren des Waldes zählen in der Natur des Pfälzerwalds Damhirsch, Uhu, Wildschwein, Wolf und Luchs, die hier in mehr oder weniger großen Populationen leben. Im Fall der letzten beiden gibt es sie erst seit wenigen Jahren wieder in freier Wildbahn. Sehen lassen sich Luchs und Wolf aber quasi nur in den Wildparks.

← Nutze die Gelegenheit und sag Hallo zu den scheuen Tieren

Die bieten eine herrliche Möglichkeit, den Tieren ganz nah zu kommen, zum Großteil sogar direkt auf den Wegen … Im *Wildpark Rheingönheim* macht man so mit Glück die Bekanntschaft mit Gänsen, Rehen und Hirschen, die diejenigen, die ihnen mit Respekt gegenübertreten, nah an sich ran lassen. Wenn sie denn Lust haben: Denn von den Tieren, die auf ihrem Gelände auch Hunderte schattige Verstecke haben, lässt sich eine ganze Menge zum Thema Entschleunigung und Resilienz lernen. So ein »Heute mal nicht!«, davon könnten sicher auch viele Menschen was lernen. Wer keine Lust auf Sonne hat oder beim Schläfchen nicht gestört werden will, verkrümelt sich eben in ein Versteck.

Der *Wild- und Wanderpark Silz* ersetzt fast den Wanderausflug. Auf der großen Runde durch den Wildpark bist du gute zwei Stunden unterwegs und hast Chancen, neben Wölfen, Uhus und Mufflons auch Polarfüchse, Rot- und Damwild zu sehen, wenn sie sich denn blicken lassen und nicht gerade Mittagsschläfchen machen. Aber: Es sei ihnen gegönnt, dann muss eben der Besuch nochmal wiederkommen …

9 **Wild- und Wanderpark Silz • Hauptstr., 76857 Silz • wildpark-silz.de • Eintritt: 7,50 Euro**

10 **Wildpark Rheingönheim • Neuhöfer Str. 48, 67067 Ludwigshafen • wbl-ludwigshafen.de • Eintritt: 4 Euro**

Vergessene Welt
Am Altrhein hat die Natur übernommen

→ **Wie in Amazonien – so wirkt stellenweise die Landschaft**

Wenn das motorbetriebene Boot sich gurgelnd in Bewegung setzt, zählt nichts mehr außer der Natur und dir selbst. Die Nachen, langgezogene Boote, die historisch eigentlich eher durch Stochern oder Rudern vorwärts bewegt wurden, waren in der Gegend vor vielen Jahrhunderten häufig in der Binnenschifffahrt im Einsatz. Heute bringen sie Besucher der faszinierenden Natur ganz nah, die sich nach der Rheinbegradigung die geschwungenen Seitenarme des Flusses zurückerobert hat. Dass die Guides, die die Boote steuern, heute keine Puste eigens fürs Rudern aufbringen müssen, hat einen entscheidenden Vorteil: Sie können sich auf die spannenden Dinge konzentrieren, die es zu erzählen gibt.

Denn die Landschaft zwischen Germersheim und Lingenfeld mit ihrem grünlich schimmernden Wasser birgt eine Menge Geschichten. Etwa die aus den Zeiten vor dem 19. Jh., als der Rhein noch wild floss und häufig ganze Siedlungen überschwemmte, oder die von der Mannschaft Johann Gottfried Tullas, der als Ingenieur das Projekt Rheinbegradigung leitete. Was er geschaffen hat, einen Fluss, der als großer Strom ein wichtiger Wirtschaftsfaktor der Region ist, spitzelt immer mal wieder zwischen Bäumen, Inseln und Landzungen durch, die das Naturparadies vom eigentlichen Rhein trennen und geschützten Lebensraum bieten für seltene Vogel- und Amphibienarten oder Insekten – darunter auch die eher lästige, in der Region berüchtigte Rhoischnook. Gegen die lohnt es sich ab Frühsommer eine umfassende Reiseapotheke mit an Bord zu bringen. Mit ausreichenden Schutzmaßnahmen kannst du dich dann aber ganz entspannt bei den *Nachenfahrten im Altrhein* zurücklehnen, dem Rascheln der Bäume lauschen und tief eintauchen in die Natur.

INSIDER-TIPP
Fieser Fressfeind

11 **Nachenfahrten im Altrhein • Insel Grün, 76726 Germersheim • Buchung: tourist-info@germersheim.de**

Einfach leben
Entschleunigung im Freilichtmuseum

Wie der Alltag sich wohl angefühlt haben mag im Rheinland-Pfalz vergangener Jahrhunderte? In einer Zeit, als statt brummender Autobahnen nur Hufe über Wege und Pflasterstraßen klapperten, die ersten Industrieanlagen noch von rauschenden Mühlen betrieben wurden und die Menschen in ihren Dörfern sich insgesamt eher wenig um das Leben abseits der näheren Umgebung kümmerten … Ein Abstecher ins *Rheinland-Pfälzische Freilichtmuseum Bad Sobernheim* verrät's.

← Im Freilichtmuseum in Bad Sobernheim erlebst du den Alltag von früher hautnah

Hier wurden historische Gebäude aus allen Winkeln des Landes wieder aufgebaut; nicht nur aus der Pfalz, auch aus Rheinhessen, dem Hunsrück, der Eifel sowie von Mosel und Nahe wurden knapp 40 Gebäude hierher transportiert und zeigen sich nun im Originalzustand mit passender Einrichtung. Eine alte Metzgerei, ein Friseurladen, Wohnhäuser, Scheunen und Bauernhöfe liegen auf dem Rundweg. Dazwischen weiden Glanrinder, Schafe und Ziegen, in Gärten wachsen Heilkräuter und sogar einige Reben. Rheinland-Pfalz im Sammelalbum, und das alles aus einer Zeit, in der die Regionen außer in direkter Nachbarschaft kaum etwas miteinander zu tun hatten.

Bei den interaktiven Museumsführungen gehst du hier auf Zeitreise in Gebäude aus fünf Jahrhunderten, lernst eine Menge über den Alltag der Menschen in Rheinland und Pfalz oder erlebst im museumseigenen Escape Room mit Freunden oder der Familie gleich dein ganz eigenes Abenteuer. Den Alltag des 21. Jh. jedenfalls, den kann man hier einfach mal hinter sich lassen und die Ruhe der Vergangenheit genießen.

INSIDER-TIPP
Rätselstunde im Museum

12 Rheinland-Pfälzisches Freilichtmuseum Bad Sobernheim • Nachtigallental 1, 55566 Bad Sobernheim • freilichtmuseum-rlp.de • Eintritt: 7 Euro

Ich bin raus
Wildcampen ganz legal

→ Erst die Arbeit, dann das Vergnügen. In diesem Fall: die Schönheit der Natur bewundern

Wenn die Nacht vorbei ist und du vom Zelt aus den Sonnenaufgang beobachtest, sind alle Strapazen der Nacht gleich vergessen. Die frechen Naturbewohner, die vielleicht ohne Einladung ins Zelt eingedrungen sind, die Luftmatratze, die schon seit dem letzten Zeltausflug unbedingt mal ersetzt oder geflickt hätte werden müssen, die Kälte der Waldnacht, der der muckelig warme Schlafsack dann aber irgendwann doch Herr geworden ist. Jetzt gibt es nur dich und die Natur des Waldes, den Ausblick auf Hügel und Täler, das fröhliche Singen der Vögel und das Rascheln des Waldes.

Auf über einem Dutzend *Trekkingplätzen in der Pfalz*, von Imsbach im Norden bis Hauenstein tief im Pfälzerwald, ist das sonst eigentlich verbotene Wildcampen zwischen April und Oktober ganz legal möglich, einen Zeltplatz für 2 bis 3 Personen gibt es ab 15 Euro. Wer statt auf dem Boden zu schlafen lieber eine Hängematte mitbringt, hat auf vielen der Plätze auch dafür optimale Voraussetzungen. Alle Infos zu den Plätzen kann man bei der Buchung direkt erfragen.

INSIDER-TIPP
Gemütlich abhängen

Und so kommt es, dass viele dann eben doch trotz allen fehlenden Komforts das Trekking-Erlebnis schnieken Hotelzimmern vorziehen und die eine oder andere Nacht unter dem funkelnden Sternenhimmel dranhängen oder gleich eine der auf der Website vorgeschlagenen Touren machen und jede Nacht woanders verbringen. Wer weiß, wann man das gemütliche Zeltlager, die Stille der Nacht und den Sonnenaufgang das nächste Mal so schön genießen kann wie hier im Wald.

13 Pfälzer Trekkingplätze • z. B. südlich der Kalmit, bei 67487 Maikammer • trekking-pfalz.de • ab 15 Euro pro Zelt

AREA 1
IG AREA ONE
Der "Kalte Krieg"
GIFTGAS !
Mit uns nicht.
Der würgende Tod
Geschichte erleben - Geschichte pflegen
CLOSED

Krieg und Frieden
Ein Spaziergang in der area 1

Schon ein bisschen unheimlich, dass vor wenigen Jahrzehnten vermutlich noch Atombomben mitten im Pfälzerwald lagerten, oder? Heute erinnert nur noch der für die deutsch-französische Grenzregion ungewöhnlich klingende Name *area 1* daran, dass das Gelände mal kriegsentscheidend war und noch bis in die frühen 90er streng genommen gar nicht zur Bundesrepublik gehörte. Nach dem Zweiten Weltkrieg und während des Kalten Kriegs waren hier US-Soldaten und Nato-Kräfte stationiert, um den Westen im Ernstfall gegen den Feind, die Sowjetunion, zu verteidigen. Das Gelände war offiziell als Sonderwaffenlager deklariert. Gerüchte, dass hier hinter über 146 000 m Stacheldraht Atomwaffen gelegen haben könnten, die von bewaffneten Soldaten Tag und Nacht bewacht wurden, kann man in der Ruhe von Wald und Heide heute gut verdrängen.

← Wilde Natur und ein etwas beklemmendes Gefühl – ein Spaziergang der anderen Art

Wenn da nicht die Bunker und Reste weiterer Militäranlagen stünden, an denen Informationstafeln die spannende Geschichte des Geländes erzählen, das zehn Jahre nach Kriegsende von den US-Streitkräften beschlagnahmt wurde und Ende der 1970er, als RAF-Anschläge befürchtet wurden, zu einer Art moderner Festung ausgebaut wurde. Was hier genau vor sich ging, darüber gibt es viele Gerüchte. Sicher ist nach dem Spaziergang auf dem knapp 1,5 km langen Rundweg, wie schön es ist, dass das hier alles nicht mehr notwendig ist und die Natur das Gelände zurückerobert, seit Waffen und Stacheldraht hier seit 1991 Geschichte sind.

Das beste Mittel gegen das mulmige Gefühl, das der Besuch des spannenden Stücks Zeitgeschichte immer noch hinterlassen kann, ist die Schönheit der Natur selbst, der du auf dem Barfußpfad Ludwigswinkel nur wenige hundert Meter entfernt besonders nahe kommst.

INSIDER-TIPP
Zurück ins Hier und Jetzt

14 **area 1 • 66996 Fischbach b. Dahn • ig-area-one.de**

Gipfelglück

Durchatmen über den Wipfeln des Waldes

Es gibt nur wenige Geräusche, die jetzt noch zu dir durchdringen. Das Piepsen der Vögel, das Rascheln des Laubs und das laue Lüftchen, das die Äste und Zweige ringsum in Bewegung versetzt. Es gibt keinen schöneren Ort, den Sommertag zu verbringen, als auf schattigen Waldwegen. Die Aussichtspunkte, Sandsteinfelsen und Burgruinen, zu denen die meisten von ihnen führen, haben in der Pfalz einen echten Vorteil: Es existieren so viele davon, dass sie in der Regel gut verteilt liegen. Die Stille reicht für alle, und das ist auch gut so ...

Ein Ort für besonders schöne Ausblicke ist der 445 m hohe *Löffelsberg* etwas östlich von Dahn. Schon der Weg zum Aussichtspunkt ist spektakulär: Ein schmaler, von Geländern begrenzter Pfad führt über den felsigen Boden aus dem Wald hinaus und gibt

↓ Auf der #sind Panoramablicke garantiert

einen herrlichen Blick auf die hügelige Landschaft frei. Erreichbar ist der Aussichtspunkt etwa über den »Busenberger Holzschuhpfad«, der am Parkplatz Hexenplätzel in Busenberg startet.

Wer neben Wald und Hügeln unterwegs auch Ausblicke übers Rebenmeer genießen will, wandert etwa von der Villa Ludwigshöhe in Edenkoben aus zum 613 m hohen Steigerkopf, auf dem der 13 m hohe *Schänzelturm* zur Aussicht über die Waldwipfel führt. Knapp 150 Jahre steht der Turm aus Sandstein schon hier und könnte so manche Geschichte erzählen.

Naturkino pur bietet die Ruine einer Felsenburg ganz im Süden der Pfalz, der bei Schönau gelegenen *Wegelnburg*, die ein wenig wie ein Schiffsrumpf in die Landschaft ragt. Die Ausblicke von der höchstgelegenen Burganlage der Region reichen nicht nur über den gesamten Pfälzerwald, sondern auch rüber nach Frankreich.

15 **Löffelsberg • über Busenberger Holzschuhpfad, Einstieg am Hexenplätzel • 76891 Busenberg**

16 **Schänzelturm • 67480 Edenkoben**

17 **Wegelnburg • 66996 Schönau**

Tour zum Kratersee
Stiller Vulkan am Pechstein

→ **Mach dich auf zur vulkanischen Spurensuche am Pechsteinkopf!**

Hättest du gewusst, dass die Pfalz vor Millionen von Jahren mal versucht hat, Ätna und Vesuv Konkurrenz zu machen? Klar, ohne Erfolg, sonst wäre die Vulkanaktivität an der Weinstraße heute ja mehr als eine Randnotiz in einem kleinen Kapitel Geologiegeschichte … Aber drüber reden kann man ja mal.

Oder besser, du schaust es dir einfach mit eigenen Augen an. Die einzigen vulkanischen Spuren in der ganzen Pfalz befinden sich westlich der Ortschaften Forst und Wachenheim, unweit des höchsten Punkts am 355 m hohen *Pechsteinkopf*, auf dessen Sonnenseite knapp 16 ha Wein angebaut werden. Hinter den Weinbergen, verborgen im mystisch wirkenden Wald, liegen als Überbleibsel der Vulkanaktivitäten zwei Seen mit bläulich grün schimmerndem Wasser. Ganz gemütlich im Naturschutzgebiet, statt über brodelndem Magma. Forscher haben ihre Entstehungszeit inzwischen auf bis zu 53 Mio. Jahre vor unserer Zeit datiert.

Ganz nah ran ans Wasser kommst du wegen steiler Kraterwände und Absperrungen zwar nicht, von den Pfaden, die hier oben die Seen ins Sichtfeld von Wanderern bringen, sieht das Ganze aber umso eindrucksvoller aus. Die Sonnenstrahlen reflektieren in den Seen, und an den Steinen ringsum ist von der industriellen Vergangenheit nichts mehr zu erkennen. Ein Glück, dass hier, nachdem in den 1980ern die Nutzung als *Steinbruch* eingestellt wurde, die Natur wieder die Hauptrolle übernommen hat. Denn ob nun mit oder ohne Brodeln, der Pfälzer Vulkan ist ein ganz schönes Ausnahmephänomen.

18 **Steinbrüche am Pechsteinkopf • Pechsteinkopf, 67157 Wachenheim**

Hier ist was los, hier steppt der Bär. Und du: mittendrin. Stürz dich rein ins pralle Leben, in die urigsten Events, die spannendsten Bars, die stimmungsvollsten Konzerte, die angesagtesten Festivals. Man lebt schließlich nur einmal!

Das pralle Leben

In Feierlaune das ganze Jahr

firkin

Von wegen Provinz
Bass im Bauch bei Rock im Hinterland

Lautstärkeregler am Verstärker bis kurz vorm Anschlag aufgedreht, Scheinwerfer an – und man vergisst glatt, dass man mitten im pfälzischen Hinterland steht. Wäre da nicht der herrlich ehrliche Name des Traditionsfestivals, das mittlerweile seit 1982 fast jährlich hier in Obrigheim bei Grünstadt die Rockmusik-Fans zu Tausenden anlockt.

← Die Sonne geht unter, die Stimmung steigt … und dann wird gerockt!

Das Programm des Festivals bietet von Alternative über Punk und Metal bis hin zu Folk eine ganze Menge Rockklänge. Zu den Bands, die hier in den letzten Jahren aufgetreten sind, zählen Namen wie die Beatsteaks, In Extremo und J.B.O. Und das alles, weil eine Gruppe von Freunden einmal Lust auf ein bisschen Musik unter freiem Himmel irgendwo auf dem Acker hatte. Für Festivalstimmung sorgen neben den begeisterten Veranstaltern treue Fans aller Altersklassen, die das Festival teils schon sehr lange begleiten, auch über Zeiten, in denen man nach Schwierigkeiten, geeignete Plätze zu finden, wieder quasi bei Null anfangen musste. Diese Zeiten sind zum Glück vorbei und das *Rock im Hinterland* ist inzwischen in der Musikszene bekannt genug, dass neben namhaften deutschen Bands auch internationale Musiker in die Pfalz kommen, um Teil des zweitägigen Lineups zu sein.

Besitzer von Wochenendtickets haben automatisch auch Zugang zum Camping-Bereich unweit des Bühnengeländes. Autos werden etwas abseits geparkt, sodass ein richtig gemütliches Zeltlager entsteht, bei dem man ganz einfach mit anderen Festivalbesuchern ins Gespräch und ins gemeinsame Feiern kommt. Und wenn dann gegen Mittag die Lautsprecher angehen und vor der Bühne gerockt wird, könnte man wirklich vergessen, dass man nicht bei einem der größten Festivals des Landes ist.

1 **Rock im Hinterland • 67283 Obrigheim/Pfalz • rockimhinterland.de (jährlich im August)**

Flüssige Sonnenstrahlen Sommer in der Strandbar

→ **Fühlt sich wie Urlaub an, die Auszeit am Rheinstrand Speyer**

Es gibt keine bessere Gesellschaft für einen Sommerabend in der Pfalz als Paul. Paul, das ist der Name des Schiffsrumpfs, der am *Rheinstrand Speyer* liegt, mittendrin in der gemütlichen Strandbar, sich von hier sicher nicht mehr so schnell wegbewegt und dennoch die Träume beflügelt: vom Reisen und von der großen weiten Welt.

Wer hier bleiben muss, weil's morgen wieder ins Büro geht, bekommt für ein paar Stunden herrliches Urlaubsfeeling. Hier kannst du die Füße im feinen Sand vergraben, cocktailschlürfend den Rhein Richtung Meer fließen sehen und den Sonnenuntergang betrachten. Und während du den Abend mit Freunden, Gelächter, Snacks und eiskalten Drinks genießt, übernehmen die Lichterketten am Strand das Ambiente und lassen die Schatten der Palmen im Wind tanzen. Ein Erlebnis, für das du dich sonst erstmal stundenlang in den Flieger setzen musst.

In Ludwigshafen zieht die *Sunshine Beach Bar* Urlaubssuchende statt an den Rhein an den Willersinnweiher etwas nordöstlich der S-Bahn-Haltestelle Oggersheim. Die Strandbar selbst befindet sich etwas abseits vom Wasser auf einer Lichtung des Wäldchens am Südufer des Sees, nur wenige Meter vom Freibad entfernt, das dafür sorgt, dass du aus deinem Ausflug eigentlich am besten einen ganzen Urlaubstag machst. Vom Spaziergang um den Weiher, bei dem du Anglern über die Schulter schauen kannst, geht's direkt in die Badesachen und ins kühle Nass, bevor der Abend in der Strandbar ausklingt. Viel mehr Sommerglück geht nicht!

INSIDER-TIPP
Dein Tag am Strand

2 **Rheinstrand Speyer • Am Neuen Rheinhafen 1, 67346 Speyer • rheinstrand-speyer.de**

3 **Sunshine Beach Bar • Strandweg 23a, 67063 Ludwigshafen • sunshine-beachbar.de**

Voller Kalender
Wo der Pfälzer Wein gefeiert wird

Genuss und Geselligkeit sind beim Pfälzer Wein quasi dasselbe. Schon die Größe der klassischen Pfälzer Weinschorle, die als Schobbe im traditionellen Dubbeglas mit dem auffälligen Muster ausgeschenkt wird, sagt dem Gast bereits beim Eingießen eines: »Mach's dir gemütlich, du bleibst jetzt erstmal hier!«. Genieße also die kühle Erfrischung, bei der du die Sonne überm Weinberg förmlich rausschmeckst, an den großen Tischen kommst du schnell mit Anderen ins Gespräch, und am Ende merkst du gar nicht, wie beim Weinfest die Zeit verfliegt.

Empfehlenswert sind von den Pfälzer Traditionsveranstaltungen eigentlich alle, vom winzigen Dorffest, wo in Winzerhöfen und auf Trottoirs gefeiert wird, bis zum größten Weinfest der Welt, dem Bad Dürkheimer Wurstmarkt, bei dem über 600 000 Besucher jährlich mehr als 250 000 l Wein trinken. Am Saisonende sticht etwa der *Weinwinter Birkweiler* raus, bei dem die Winzer ihre Keller für Besucher einheizen und die Vorweihnachtszeit verschönern.

Für die schönsten Kulissen im Weinfestkalender lohnt es sich, auch mal in Richtung Norden der Region zu schauen, wo die Weinfeste nicht ganz so zahlreich sind wie im Epizentrum an der Südlichen Weinstraße: In Neuleiningen gilt das *Burgweinfest* in der Burg Neuleiningen als eines der schönsten, besonders hübsch ist auch das *Residenzfest* im Kirchheimbolandener Schlossgarten.

← Weinfeste: da heißt es wie hier auf dem Burgweinfest Weine kosten, die gemeinsame Zeit genießen und der Musik lauschen!

4 Weinwinter Birkweiler • 76831 Birkweiler • immer im Advent

5 Burgweinfest Burg Neuleiningen • Kirchengasse 12, 67271 Neuleiningen • burg-weinfest.de • jährlich in Juli/August

6 Residenzfest • Schloßgarten, 67292 Kirchheimbolanden • immer im August

Kufenparty
Durch die Eisnacht tanzen

Ein bisschen geht's dem Anfänger auf dem Eis ja wie Bambi. Je vorsichtiger man auf der spiegelglatten Eisfläche einen Fuß vor den anderen setzt, umso rutschiger fühlt sich die Angelegenheit im ersten Moment an. Dann geraten die Füße in Aufregung und ganz egal, welche Anweisungen vom Hirn an die verunsicherten Glieder gehen, das mit der Umsetzung ist plötzlich gar nicht mehr so leicht ... Angst ist kein guter Begleiter – auf dem Eis schon zweimal nicht.

← So elegant sieht's beim ersten Mal auf dem Eis wahrscheinlich noch nicht aus ...

Aber zum Glück ist das rutschige Vergnügen ja genauso wie alles im Leben streng genommen nur Übungssache, und wenn du die ersten ein, zwei Mal grade noch die Bande gegriffen hast oder gleich unsanft auf dem »Boppes« gelandet bist, bekommst du den Dreh schnell raus. Man ist ja zum Glück auch nie allein als Anfänger an so einem Abend.

Denn statt in den Club geht's heute dick eingemuckelt in die kühle Eislaufhalle, die *Ice-Arena* Zweibrücken ist der perfekte Ersatz für einen Samstagabend auf der Tanzfläche. Ob bei einem Abend mit Freunden oder beim ersten Date, mit Musik auf den Ohren und bei voller Eislauffläche kommst du bei der Ice Disco (Sa 19–23 Uhr) mit der neuen Fortbewegungsart besonders schnell in den Takt. Und wenn du nur eine kleine Portion Selbstironie aufbringst, hast du eher früher als später mächtig viel Spaß. Pirouetten zu drehen lernst du vermutlich direkt beim ersten Mal noch nicht, aber sich mal elegant auf die Nase zu legen ist ja – streng genommen – auch eine Kunst.

7 **Ice-Arena • Europaallee 11, 66482 Zweibrücken • ice-arena.de • Eintritt: 6 Euro**

Feiern wie ein Ritter
Festivals vor Mittelalterkulissen

→ **In die Ritterzeit eintauchen – das geht in der Pfalz**

Bei so vielen Burgen in der Region kann man schon mal vom Mittelalter träumen. Da wäre es doch zu schade, gäbe es nicht die Möglichkeit, hier und da mal in der Zeit zu reisen, bei knisterndem Feuer und Dudelsackklängen in aromatisches Brot und Fleisch zu beißen, das historisch zumindest sehr ähnlich zubereitet wurde. Zu den Grill- und Räucheraromen gibt's hausgemachten Met und Biere, und wenn dir das noch nicht reicht, sorgen sicher die Kostüme der Händler und Teilnehmer dafür, dass das Mittelalter vor deinem geistigen Auge lebendig wird.

Eine der schönsten Veranstaltungen der Pfalz lockt Jahr für Jahr Mittelalterfans aus ganz Deutschland auf die Bad Dürkheimer Schloss- und Festungsruine Hardenburg. An einem Wochenende im Herbst wird auf der Ruine beim *Burgfest Hardenburg* ein Lager aufgeschlagen, Mittelalterbegeisterte geben Einblicke, wie sich das Leben vor Jahrhunderten abgespielt haben mag. Dazu kommen Handwerker, Gaukler, Spielleute und Händler kulinarischer Köstlichkeiten, die mehr über die Mittelalterküche wissen als viele Mittelaterspezialisten.

Sogar ganze Orte reisen in der Pfalz zu besonderen Anlässen ins Mittelalter. In Annweiler am Trifels wird an einem Sommerwochenende jedes Jahr das *Richard Löwenherz Fest* in der Altstadt begangen. Da werden Restaurants zu Tavernen und Mittelaltervereine und Spielleute übernehmen die Stadt. Namensgeber ist der englische König Richard I., auch bekannt als Richard Löwenherz, der Ende des 12. Jh. eine Weile auf der oberhalb der Stadt gelegenen Reichsburg Trifels gefangen gehalten worden ist.

8 **Burgfest Hardenburg • Hardenburg, 67098 Bad Dürkheim • schloss-hardenburg.de • Eintritt: 6 Euro**

9 **Richard Löwenherz Fest • 76855 Annweiler a. Trifels • richard-loewenherz-fest.de**

Einfach stilvoll

Schnieke Bars mit guten Drinks

Höher als hier wirds nicht … Zumindest wenn du nicht zum Feierabend noch auf einen der umliegenden Hügel des Pfälzerwalds kraxeln magst. Einer der besten Orte, in Kaiserslautern den Feierabend zu genießen, liegt im 21. Stock des städtischen Rathausgebäudes. An der Spitze der Lauterner Skyline quasi …

→ **Lust auf einen kühlen Cocktail? Dann auf in die 21 Lounge oder in die Bar La Boutique**

Auf der Speisekarte der gemütlichen Bar *21 Lounge* gibt's eine Auswahl für den kleinen und großen Feierabendhunger, dazu anständige Weine und Cocktails mit dem hauseigenen gleichnamigen 21 Gin. Jetzt noch ein Platz am Fenster Richtung Sonnenuntergang gesucht und du hast perfekte Voraussetzungen für einen entspannten Abend geschaffen.

Statt hoch hinaus geht's in der Neustädter Bar *La Boutique* ins stylishe Gewölbe. Tagsüber gibt's in der Café-Bar frisch Aufgebrühtes, gegen Nachmittag kann man dann auch an die Spirituosen denken. Wäre ja auch zu schade drum! Probieren kannst du die sorgfältig ausgesuchten und aus purer Begeisterung von den Machern der Bar eingekauften Drinks an der Bar oder im behaglichen, sonnenverwöhnten Hinterhof. Was gut schmeckt, gibt's hier sowie auch im Laden zu kaufen. Für besonders Neugierige, die lernen wollen, was hinter einem richtig guten Drink steckt, treten hier auch Whisky-, Tequila- und Rumsorten in Tasting-Events gegeneinander an.

INSIDER-TIPP **Werde Gourmet**

10 **21 Lounge • Willy-Brandt-Platz 1, 67655 Kaiserslautern • 21-lounge.de**

11 **La Boutique Trinkkultur • Hauptstr. 75a, 67433 Neustadt a. d. W. • facebook.com/LaBoutiqueTrinkkultur**

Tischlein deck dich
Am längsten Esstisch der Pfalz

→ **Tisch an Tisch an Tisch … so weit das Auge reicht erstreckt sich die Kaisertafel**

Das hätte ihnen wohl gefallen, den Kaisern und Kirchenfürsten. Einmal im Jahr – immer im Sommer – verwandelt sich die Speyerer Fußgängerzone zwischen Dom und Altpörtel zum gigantischen Esstisch. Fast einen Kilometer lang zieht sich die Reihe der Biertische inzwischen durch die Innenstadt, lockt Einheimische, Pfälzer und Touristen mit kulinarischer Vielfalt an.

Dabei war die Aktion eigentlich nur als einmalige Sache bei der 2000-Jahr-Feier der Stadt Speyer im Jahr 1990 geplant. Dann kam sie so gut an, dass sie von Jahr zu Jahr wieder ergänzt und vergrößert wurde. An den Straßenseiten stehen Speyerer Gastronomen und zeigen in mobilen Küchen, was sie alles an Vielfalt so draufhaben. Von Pfälzer Klassikern wie Saumagen und Bratwurst über Leckereien aus aller Welt und mittelalterliche Spezialitäten bis hin zu Trendthemen wie »vegan« und »nachhaltig« gibt's hier nichts, was es nicht gibt. Dazu kommen Straßenmusiker und Bühnen mit Bands.

Dass auch ein kleines Programm die Gäste ins Mittelalter entführt, hat neben der geschichtsträchtigen Vergangenheit der Speyerer Innenstadt einen ganz einfachen Grund: Die *Kaisertafel* basiert auf historischen Begebenheiten aus der Zeit der Staufer. Die Geschichte besagt, dass Kaiser Konrad III. Mitte des 12. Jh. in Speyer ein Hoflager ausgerufen haben soll und etwa dort, wo heute die Maximiliansstraße entlangführt, gut hundert seiner Krieger versorgte. Von den Speyerer Wirten könnte er sich heute ganz locker einige Tipps und Tricks abholen – am Wochenende der Kaisertafel bekommen die inzwischen über 30 000 Menschen satt.

12 **Kaisertafel • Maximilianstr., 67346 Speyer • kaisertafel.com • jährlich im August**

Keine Regeln
Zum Jazz-Frühshoppen

Beim Jazz hat man es auf der Bühne ja nicht selten mit kleinen Genies zu tun. Schließlich gilt es bei dem häufig unterschätzten Musikgenre nicht nur die Instrumente zu beherrschen – man muss auch ein klein bisschen Gedanken lesen können. Wer ohne Noten – und im Profimodus sogar noch mit wildfremden – einfach drauflos spielt, sollte zumindest keine Scheu vor guten Ideen haben. Hier ist Improvisation alles, und das sorgt eben auch dafür, dass kein Konzert so klingt wie das zuvor. Kein Wunder, dass der Jazz die ganze Welt erobert hat.

← Jazz auf die Ohren gibt's im Alten E-Werk

Dass er wirklich in jedem Winkel angekommen ist, beweisen die Konzerte der Jazz-Freunde Dahn, ganz versteckt zwischen Felsmassiven und tausenden Bäumen des Pfälzerwalds, kurz vor der französischen Grenze. Die Musikliebhaber haben sich hier in den Räumen eines *alten E-Werks* häuslich eingerichtet und geben Musikern aus ganz Deutschland damit eine stilechte Bühne für Soirée-Konzerte und musikalische Frühschoppen. Modern, anders, aber irgendwie passt auch alles zusammen – wie bei gutem Jazz eben auch.

Neben klassischem Jazz haben die Jazzfreunde jährlich in der Zeit von Oktober bis April auch immer wieder Swing-Musiker zu Gast und Chansons im Programm und holen auch gerne Musiker, die in der Pfalz selten zu sehen sind.

Dir reicht zuhören nicht? Hin und wieder hat der Dahner Verein auch eine Offene Bühne im Programm, bei der jeder die Stammmusiker der Hausband mit eigenen Jazzmelodien ergänzen kann. Zeit rauszufinden, ob das nötige Fünkchen Genie auch in dir steckt …

INSIDER-TIPP
Musik im Blut

13 **Altes E-Werk • Pestalozzistr. 13, 66994 Dahn • jazz-freunde-dahn.de**

Entspannter Ausklang
Weihnachten in Stadt und Wald

→ **Weihnachtsmarkt mit viel Kunsthandwerk: der Nikolausmarkt in der Festungsstadt**

INSIDER-TIPP
Galerie mit Weihnachtsstimmung

Den Weihnachtsmann hat ein Pfälzer erfunden. Wusstest du nicht? Thomas Nast, Grafiker aus Landau, war in die Vereinigten Staaten ausgewandert und schuf dort 1881 eine Zeichnung von »Santa Claus«, in der man auch den Pfälzischen Pelzenickel erkennen kann. Bis heute gilt Nasts Weihnachtsmann als ein wichtiger Einfluss auf die Weihnachtstraditionen in den USA.

Und so kommt's, dass einer der schönsten Pfälzer Weihnachtsmärkte, der *Thomas-Nast-Nikolausmarkt*, in seiner Heimatstadt Nasts Namen trägt. Fast 40 Jahre alt ist die Tradition, dass rund um den Rathausplatz in Landau ein Dorf aus Holzhütten aufgebaut wird, in dem man Künstlern über die Schulter schauen, Tannenduft einatmen und Saumagenbratwurst genießen kann.

Spektakulär und ein wenig fantastisch wird's beim *Mittelalter-Weihnachtsmarkt auf Burg Lichtenberg*, der größten Burganlage der Pfalz. Hier gibt's immer an einem Wochenende im Advent Weihnachtsprogramm gespickt mit Mittelalterflair und, mit viel Glück, sogar ein bisschen Winter Wonderland überm Pfälzer Bergland.

Urig wird's auch bei der *Romantischen Waldweihnacht* in Johanniskreuz. Hier gibt's dank des Waldes rund um das Haus der Nachhaltigkeit, wo die Hütten an einem Adventswochenende aufgebaut werden, quasi ganzjährig Weihnachtsfeeling durch Tannenduft. Die Lichter und Alphornklänge sorgen für gemütliche Stimmung.

14 **Thomas-Nast-Nikolausmarkt • Rathausplatz, 76829 Landau**

15 **Mittelalter-Weihnachtsmarkt Burg Lichtenberg • Burgstr. 17, 66871 Thallichtenberg • burglichtenberg-weihnachtsmarkt.de**

16 **Romantische Waldweihnacht • 67705 Johanniskreuz • hdn-pfalz.de**

ADLER-APOTHEKE

Das war ein bisschen viel an Info? Du weißt nicht, wo du anfangen sollst? Na dann, hier kommen ein paar Vorschläge: die Tipps aus diesem Buch, neu gedacht, neu sortiert. Teste dies, probiere das und würfel alles wieder neu zusammen!

Mix & Match

Mach dein eigenes Ding

Kurzurlaub
In zwei Tagen besonders viel erleben

Tag 1

Tempo machen
Wer so richtig schön in die Pfalz eintauchen will, fängt am besten im Wald an. Hier startet im *Ziplinepark Elmstein* ein ganz herrliches Abenteuer, das dich mitnimmt zwischen Baumwipfel und zu einer kleinen Mutprobe. Alle Haken sicher eingehängt? Dann kann's ja losgehen! → **S. 92**

Im Rebenmeer
Zweitwichtigstes »W« der Pfalz ist – nach Wald – natürlich der Wein, und um den zu erleben, geht's am besten auf den *Weinsteig*. Wer keine ganze Fernwanderung aus dem 172 km langen Pfad längs der Weinstraße machen will, kann bei Spaziergängen auch Teilstrecken erkunden. → **S. 8**

Erfindergeist
Guten Saumagen zuzubereiten ist die eine Sache, darauf haben sich Pfälzer Metzgereien seit Jahrhunderten spezialisiert. Ihn kreativ immer wieder neu zu erfinden, dazu gehört etwas mehr, und deshalb hält so ein Besuch bei der *Metzgerei Hambel* in Wachenheim gerne Überraschungen parat. → **S. 18**

Bahnen ziehen
Zum Glück gibt's nach den kulinarischen Genüssen genügend Gelegenheiten für einen Verdauungsspaziergang, und dem Schwimmbadbesuch steht nichts mehr im Weg. Eins der schönsten der Pfalz liegt direkt im Burggraben von *Altleiningen*. → **S. 128**

Große Dramen
In einem der kleinsten Theaterhäuser der Welt wartet eine große Auswahl von Stücken. Gegensätze ziehen sich an. Ob du dir was zum Lachen oder Weinen aussuchst, bleibt dir überlassen. Mitnehmen in eine andere Welt wird das Team des *Theader Freinsheim* dich ganz sicher. → **S. 76**

Tag 2

Ganz früh raus

Weckerklingeln vor Sonnenaufgang? Echt jetzt? Es gibt kaum eine Gegend, in der du Sonnenaufgänge so genießen kannst wie zwischen den Hügeln und Wipfeln des Pfälzerwalds. Ein herrlicher Ort, das Schauspiel zu genießen, ist die *Burgruine Drachenfels.* → **S. 22**

Gemälde Landschaft

Eigentlich könnte man ja mal wieder ins Museum, aber bei dem schönen Wetter? Verschwendung! In Leinsweiler folgst du für die perfekte Mischung aus Galerie und Natur einfach den Spuren des Malers Max *Slevogt*. Unterwegs warten seine Kunstwerke – gemalt und in echt. → **S. 60**

Abstecher für Gourmets

So viel Wein sehen und gar nicht probieren? Schad' wär's drum. Deshalb ist der nächste Stopp das mehrfach ausgezeichnete Wein- und Sektgut *Wilhelmshof*. Hier kannst du probieren und dir von deinem Favoriten ein paar Flaschen auf Lager legen. → **S. 51**

Sauer und fruchtig

Dass man aus Trauben viel mehr machen kann als Wein, beweist das Team vom *Doktorenhof* in Venningen. Hier entstehen feinste Essige, die für mehr gemacht sind als die Salatschüssel. Viele Produkte sind perfekt als alkoholfreier Digestif zu genießen und es gibt sogar einen Bade-Essig. → **S. 37**

Schiffsrumpf und Strandstuhl

Zur perfekten Abrundung des Miniurlaubs in der Pfalz fehlt jetzt nur noch einer: der gute Vater Rhein, fernab vom Meer aus Reben, Hügeln und Wäldern. Mit Cocktail im Strandstuhl träumst du dich am *Rheinstrand Speyer* Schiffen hinterher zum richtigen Meer. → **S. 158**

Auszeit
Ein herrlich entspannter Tag

Pilgern für Anfänger
Einen besseren Einstieg in einen entspannten Tag als ein paar Stunden pilgern? Gibt's nicht. Also ab auf den *Pfälzer Jakobsweg*. Vor allem zwischen Ilbesheim, Leinsweiler und Eschbach, eignet der sich perfekt für eine kleine Runde zwischen unendlich vielen Reben – ideale Voraussetzungen, um morgens in die richtige Ommm-Stimmung für den Tag zu kommen. → **S. 124**

Geduldsübungen
Wer Entschleunigen üben will, braucht erstmal geeignete Vorbilder. Denen kommst du in den *Wildparks in Silz* und *Ludwigshafen-Rheingönheim* richtig nah – mit Geduld und einer guten Portion Ruhe. Beim Beobachten, wie Hirsche, Wölfe und Uhus ganz relaxed ihren Alltag in der Natur bestreiten, kannst du einiges lernen. → **S. 141**

Fast wie Strand
Aufs Rauschen von Wellen und auf Möwenrufe kannst du hier lange warten. Aber: Ein perfekter Ort zur Auszeit sind die *Pfälzer Strandkörbe* rund um Nothweiler dennoch, vor allem, wenn dir in einem der aufgeschnittenen Weinfässer das milde Lüftchen sanft um die Nase weht. → **S. 8**

Abtauchen
Am Ende dieses Abschalttages wird jetzt nochmal entschleunigt. In der *Südpfalz-Therme* sprudelt dich das Thermalwasser in einen Zustand absoluter Tiefenentspannung. Und die Salzgrotte erklärt in 45 herrlich ruhigen Minuten, warum es Leute gibt, die Salz als weißes Gold bezeichnen. → **S. 132**

Und dann: Prost
Dass es kaum einen entspannteren Ort für den Sommerabend gibt als den guten alten Biergarten, das wissen die Pfälzer aus ihrer bayerischen Geschichte. Im Hof des *Bärenbräu* schmeckt das Bier mindestens genauso gut wie im bayerischen Vorbild. → **S. 55**

Weltreise
Exotische Orte ganz nah

Ab nach Kanada!
Mit dem klaren Stauseewasser des *Eiswoogs*, das den schier endlosen Wald spiegelt und die Landschaft gleich nochmal schöner macht, beginnt die Illusion des Ganzweitwegseins. Dazu kommen die Stille und die Geräusche des Waldes. Ob »Pfälzisch-Kanada« eine Übertreibung ist? Schau's dir an! → **S. 134**

Kunst von Welt
Louvre? Met? Pinakotheken? Na ja, zugegeben, Ludwigshafen ist nicht München oder Paris, und New York schon gar nicht. Aber: Mit seiner Riesensammlung von moderner Kunst und spannenden Ausstellungsideen muss sich das *Wilhelm-Hack-Museum* sicher nicht verstecken.
→ **S. 80**

Pfalz trifft Japan
Mit Wasserfällen, Trittsteinen und unzähligen Möglichkeiten zum Schlendern ist der *Japanische Garten* in Kaiserslautern nicht nur der perfekte Ort zum Entschleunigen sondern auch eine echte Ruheoase mitten in der Stadt.« → **S. 138**

Exotisches Tierleben
Für die Eindrücke, die dir der Landauer Reptilienzoo *Reptilium* zu bieten hat, müsstest du eigentlich eine Weltreise buchen. Die Schlangen, Spinnen, Echsen, Frösche, Warane und Gekkos, die hier leben, stammen aus allen Winkeln der Erde.
→ **S. 108**

Vive la France!
Bei so vielen internationalen Einflüssen geht's jetzt aber auch noch über eine richtige Grenze. Das elsässische Städtchen *Wissembourg* vereint alles, was am Nachbarland begeistert. Feine Kulinarik, guten Wein und eine entspannte Joie de vivre. → **S. 21**

Kinderkram

So werden die Kleinen glücklich

Besuch bei Raubritters
Zwischen Kerkern und Brunnen, dicken Mauern und stockdusteren Gängen wird Geschichte lebendig – und zwar so, dass man sogar freiwillig Jahreszahlen für den Geschichtstest auswendig lernen würde. Wie das Leben im Mittelalter war: *Burg Berwartstein* malt davon ein buntes Bild. → **S. 101**

Jagd auf Legenden
Herausforderung angenommen! Wer auf die Suche nach der berühmten Pfälzer *Elwedritsch* → **S. 25** gehen will, fängt am besten in Dahn damit an. In der Stadt mitten im Wald hat das freche Federvieh nämlich einige Spuren hinterlassen – und zieht dich mit magischen Kräften in seinen Bann.

Big Bang und mehr
Wer hat gesagt, dass Nerdsein uncool ist? Das *Dynamikum* → **S. 75** bereitet Wissenschaft so spannend auf, dass der Nachwuchs ganz von selbst so richtig scharf auf Experimente wird. Eine App begleitet dich beim Besuch, ein Frisbee-Parcours führt nach draußen.

Verborgene Talente
Nichts versetzt einen so schön in längst vergangene Zeiten zurück wie wenn man sie selbst erleben kann. Drum gibt's in den Programmen und Veranstaltungen des *Keltendorfs Steinbach* auch quasi nichts, was es nicht gibt. Vom Pfeilbau bis zum Seifemachen … → **S. 70**

Fast Food Deluxe
Klar würden in einem Quartett mit Lebensmitteln Burger und Pommes Brokkoli und Rosenkohl stechen, aber ohne Vitamine geht's eben nicht. Zum Glück gibt's Ausnahmen. *Sam Kullman's Diner* ist perfekt, um mal richtig zu schlemmen. → **S. 44**

Sauwetter
Wo es bei Regen besonders schön ist

Cockpit und Kino
Es gibt schon wirklich wenige Orte, wo man guten Gewissens einen kompletten Tag drinnen verbringen kann. Das *Technik-Museum Speyer* ist einer davon. Wenn du genug von Cockpits, U-Boot und Space-Shuttle gesehen hast, geht's im IMAX-Kino mit den Entdeckungen weiter. → **S. 104**

Und jetzt: Flieg!
Tanz, als ob dich keiner sieht, heißt's immer. Na, da kannst du ja noch 'ne Schippe drauflegen. In den *Trampolinparks* in Kaiserslautern und Landau lässt du dich von der Sprungfläche aus ordentlich durch die Luft schleudern. Einmal wieder Kind sein? Hier geht's! → **S. 119**

Ab zu den Sternen
Bei so viel Regenwetter ist es eigentlich gar keine schlechte Idee, gleich die ganze Galaxie zu verlassen. Beam me away, Scotty – ganz weit weg! Das *Mannheimer Planetarium* ist quasi der Busbahnhof für deine Reise. Und jetzt: zurücklehnen. → **S. 67**

Neues lernen
Wenn man draußen schon nichts verpasst, kann man doch wenigstens die Zeit drinnen sinnvoll nutzen. Gibt's etwas, das du schon immer mal lernen wolltest? In der *Offenen Kreativwerkstatt Bad Dürkheim* hast du zwischen Töpfern, Zeichnen und Buchbinden die passende Auswahl. → **S. 87**

Pirouetten drehen
Der Winter hat die Region fest im Griff, die Kälte hat übernommen. Brrrrr, eklig. Aber Bewegung hilft ja gegen Kälte bekanntlich am besten, so dass die Schlittschuhe in der *Ice-Arena* gleich die Sonnenstrahlen ersetzen. Gut zugebunden? Dann ab auf die Eisfläche! → **S. 163**

LEMBACH (ELSASS)
Burg
Fleckenstein
Geschichte
Abenteuer
Natur
Die
Rätsel-
Burg
www.fleckenstein.fr/de
0033(0)3 88 94 28 52

Dies & Das

Karten, Register und mehr

Soonwald
Gemünden
Gräfenbach
Guldental
Guldenbach
Rhaunen
Roxheim
Seesbach
Bockenau
Weinsheim
B 41
Bad Kreuznach
Hennweiler
Waldböckelheim
Hüffelsheim
Simmertal
Hochstetten-Dhaun
Monzingen
Nahe
Norheim
Bad Sobernheim
Kirn
Meddersheim
12
Feilbingert
Fürfeld
Odernheim am Glan
Appelbach
Georg-Weierbach
Weierbach
Obermoschel
Alsenz
2
Meisenheim
Idar-Oberstein
Mittelbollenbach
Kirchenbollenbach
Glan
Steingruben
Würzweiler
Lauterecken
Offenbach-Hundheim
Rockenhausen
Baumholder
Obereisenbach
Hundheim
Rudolphskirchen
Dörnbach
Eschenau
Gumbsweiler
Tiefenbach
Seelen
18
Niederkirchen
Wolfstein
Morbach
15
Winnweiler
18
11
Altenglan
4
Friedelhausen
Wörsbach
Kusel
Pfälzer Bergland
Olsbrücken
A 62
Mehlbach
Drehenthalerhof
Sembach
11
Reichenbach-Steegen
Baalborn
Gimsbach
Schwedelbach
Otterberg
Herschweiler-Pettersheim
Mehlingen
Erlenbach
Reuschbach
Weilerbach
Glan-Münchweiler
Morlautern
13
Niedermohr
B 270
13
12
Altenkirchen
Ramstein Miesenbach
Kaiserslautern
10
Hochspeyer
Brücken (Pfalz)
16
8
Gries
A 6
Glan
Hohenecken
4
21
Landstuhl
17
Schönenberg
Dansenberg
Miesau
Bann
Bruchmühlbach
A 62
Mölschbach
6 km
Vogelbach
Queidersbach
Stelzenberg

Klassiker reloaded
Leckerbissen
Kreative Orte
Wilde Seite
Ruhige Ecken
Pralles Leben
Rhein-Hessisches Hügelland
Alzeyer Hügelland
Selz
Rhein
Insenach
Nieder-Olm
Zornheim
Nierstein
Grolsheim
Gensingen
Partenheim
Saulheim
Sprendlingen
Udenheim
Köngernheim
Sulzheim
Pfaffen-Schwabenheim
Wörrstadt
Undenheim
Dexheim
Dalheim
Volxheim
Wöllstein
Armsheim
Bechtolsheim
Uelversheim
Dolgesheim
Guntersblum
Biebesheim am Rhein
Flonheim
Gau-Odernheim
Gimbsheim
Wendelsheim
Heimersheim
Albig
Framersheim
Alsheim
Eich
Gernsheim
Weinheim
Alzey
Dautenheim
Mettenheim
Hamm am Rhein
Bechtheim
Groß-Rohrheim
Kriegsfeld
Morschheim
Eppelsheim
Osthofen
Westhofen
Orbis
Flomborn
Gundersheim
Biblis
Ober-Flörsheim
Rittersheim
Kirchheimbolanden
Bürstadt
Bolanden
Marnheim
Monsheim
Worms
Rüssingen
Kindenheim
Offstein
Heppenheim
Dreisen
Göllheim
Lampertheim
Heidesheim
Kerzenheim
Eisenberg (Pfalz)
Grünstadt
Beindersheim
Sippersfeld
Sausenheim
Frankenthal (Pfalz)
Ramsen
Weisenheim am Sand
Altleiningen
Lambsheim
Mannheim
Leistadt
Höningen
Erpolzheim
Maxdorf
Ludwigshafen am Rhein
Bad Dürkheim
Ellerstadt
Frankenstein
Friedelsheim
Wachenheim an der Weinstraße
Limburgerhof
Neuhofen
Weidenthal
Dannstadt
Deidesheim
Meckenheim
Waldsee
Ruppertsberg
Schifferstadt
Böhl-Iggelheim
Esthal
Lindenberg
Gimmeldingen
Haßloch
Otterstadt
A 61
A 63
A 6
A 650
A 65
B 44
B 9
B 38
L 523

Bruchmühlbach
A 62
Bann
A 6
Stelzenberg
Mölschbach
Queidersbach
Martinshöhe
Bechhofen
Labach
Schopp
Trippstadt
Linden
A 62
Harsberg
Hermersberg
Biosphärenreservat
Heltersberg
Mörsbach
Niederhausen
Höheinöd
Waldfischbach-Burgalben
Maßweiler
Hofstätten
Thaleischweiler-Fröschen
Zweibrücken
Clausen
Pfälzerwald-
Contwig
Höhmühlbach
Merzalben
Dellfeld
Rodalben
A 8
Münchweiler a. d. Rodalb
Wilgartswiesen
B 10
Pirmasens
Hornbach
Voges du Nord
Hauenstein
Rolbing
Lemberg
Salzwoog
Dahn
Vinningen
Langmühle
Dorst
Loutzviller
Waldhouse
Trulben
Glashütte
Reichenbach
Busenberg
Liederschiedt
Eppenbrunn
Bruchweiler-Bärenbach
Roppeviller
Bundenthal
Fischbach bei Dahn
Reisdor
Schorbach
Horn
Haspelschiedt
Gebüg
Bitche
Sturzelbronn
Obersteinbach
Wingen
Glasenberg
Éguelshardt
Niedersteinbach
Climbach
Parc naturel régional des Voges du Nord
Dambach
Lembach
Lemberg
Cleebourg
Windstein
Mattstall
Goetzenbruck
Philippsbourg
Birlenbach
Langensoultzbach
Baerenthal
Frankreich
Lobsann
Althorn
Preuschdorf
Retschwiller
Oberbronn
Reipertswiller
Reichshoffen
Wœrth
Zinswiller
Gunstett
Lichtenberg
Surbourg
Rothbach
La Sauer
5 km
Mulhausen
Forstheim
Walbourg

Schifferstadt
Lindenberg
Esthal
Sattelmühle
Elmstein
Helmbach
Iggelbach
Neustadt a. d. Weinstraße
Haßloch
Iggelheim
A 61
Speyerer Wald
Speyerbach
Lachen
Hanhofen
Speyer
Maikammer
Kirrweiler
Geinsheim
Harthausen
Gommersheim
Edenkoben
Freisbach
Schwegenheim
Ramberg
Edesheim
Weingarten
Hochstadt
Lustadt
A 65
Essingen
Zeiskam
Albersweiler
Germersheim
B 35
Bornheim
Annweiler am Trifels
Landau i. d. Pfalz
Bellheim
Rußheim
Ilbesheim
Hördt
Liedolsheim
Gossersweiler-Stein
Insheim
Herxheim
Heuchelheim
Rülzheim
B 9
Kuhardt
Rohrbach (Pfalz)
Linkenheim
Oberhofen
Rheinzabern
Neupotz
Bad Bergzabern
Hatzenbühl
Leopoldshafen
B 36
Jockgrim
Kaplaneihof
Kandel
Oberotterbach
Minfeld
Eggenstein
Wörth am Rhein
Alb
Schaidt
Kapsweyer
Deutschland
Wissembourg
Rott
Büchelberg
Hagenbach
Karlsruhe
Bienwald
Riedseltz
Neuburg a. Rhein
Schleithal
K 9657
Lauterbourg
Ingolsheim
Niederlauterbach
Seebach
Rheinstetten
Au am Rhein
Siegen
Schœnenbourg
Crœttwiller
A 35
Aschbach
Durmersheim
Munchhausen
Le Rhin / Rhein
Buhl
Bietigheim
Rittershoffen
Seltz
Ötigheim
Klassiker reloaded
Leckerbissen
Kreative Orte
Wilde Seite
Ruhige Ecken
Pralles Leben

Register

21 Lounge 167

Altdorf 34
Altenglan 131
Altes E-Werk 171
Altleiningen 128
Andechser Bierfest 55
Annweiler a. Trifels 18, 98, 164
area 1 149

Bacejump Trampolinpark 119
Backhaus Bobenheim 48
Bad Bergzabern 132
Bad Dürkheim 64, 87, 164
Bad Sobernheim 145
Bauernhof Kieffer 52
Baumwipfelpfad 102
Besucherbergwerke 115
Billigheim-Ingenheim 52
Bioland Weingut Neuspergerhof 51
Birkweiler 161
Bobenheim am Berg 48
Bockenheim 8
Bouldern am Anebos 98
Brauart Sausenheim 55
Brennerei Göring 16
Burg Berwartstein 101
Burgfest Hardenburg 164
Burgruine Drachenfels 22
Burgweinfest 161
Busenberg 22, 151

Café Sixt 38
Carlsberg 107
Cupcake-Fee 33

Dahn 25, 79, 137, 171
Dahner Sommerspiele 79
Dannenfels 15
Destillerie Sippel 40
Deutsche Schuhmeile und Schuhmuseum 72
Dom zu Speyer 26
Donnersberg 15
Draisinentour 131
Dudenhofen 56
Dynamikum 75

Edenkoben 16, 151
Eisenberg 111
Eiswoog 134
Elmstein 92
Elwedritsche-Rundwanderweg 25
Erlenbach 101
Eschbach 22

Fischbach b. Dahn 102, 149
Frankenthal 68
Frankweiler 31
Freibad Altleiningen 128
Freibad Waschmühle 111
Freinsheim 16, 76
Fritz-Walter-Stadion 11

Geführte Mountainbike-Touren Donnersberg 116
Germersheim 79, 142
Gokartbahn 112
Grenzgängerweg 21
Grünstadt 55

Haßloch 55, 95
Hauenstein 72
Herxheim 31
Holiday Park 95

Ice-Arena 163
Imsbach 115

Japanischer Garten 138
Johanniskreuz 172

Kaiserslautern 11, 44, 76, 111, 112, 119, 138, 167
Kaisertafel 168
Kanuverleih Glan 127
Kart Center Landau 112
Keltendorf Steinbach 71
Keschdeweg 38
Kirchheimbolanden 161
Klettern am Asselstein 98
Klingenmünster 107
Konken 43
Kügler-Mühle 48
Kulinarisches Haus 43
Kultursommer Germersheim 79
Kurpfalz Personenschifffahrt 13

La Boutique 167
Landau 31, 108, 112, 119, 172
Landstuhl 22
Lauterbourg 96
Lauterbrücke 21
Leimersheim 13
Leimersheimer Altrhein 13
Leinsweiler 60
Löffelsberg 151
Ludwigshafen 80, 141, 158

Madenburg 22
Maikammer 146
Mandelhof 16
Mannheim 13, 67
Mariannes Flammkuchen 31
Meisenheim 127
Metzgerei Hambel 18
Mittelalter-Weihnachtsmarkt 172
Mountainbikepark 116

Nachenfahrten im Altrhein 142
Natursprung Pfalz 137
Neuleiningen 161
Neustadt a. d. W. 38, 83, 121, 167
Niederhorbach 8
Nothweiler 21, 115

Obrigheim/Pfalz 157
Offene Kreativ-Werkstatt 87
Offener Bücherschrank am Dichterhain 63
Open-Air-Kino in der Erkenbert-Ruine 68
Ottersheim 55
Ottersheimer Bärenbräu 55

Paintball Weinstraße 121
Palatina Outfitters Store 64
Pâtisserie Theodor 31
Pfälzer Berglandtrail 107
Pfälzer Jakobsweg 124
Pfälzer Mandelpfad 16
Pfälzer Strandkorb 8
Pfälzer Trekkingplätze 146
Pfälzer Weinsteig 8
Pfalztheater 76
PfalzTrail 107
Pirmasens 68, 75
Planetarium Mannheim 67

Ramsen 134
Reptilium Landau 108
Residenzfest 161
Restaurant Sembries 56
Rheinland-Pfälzisches Freilichtmuseum Bad Sobernheim 145
Rheinstrand Speyer 158
Rhodt unter Rietburg 64
Richard Löwenherz Fest 164
Robichon 31
Rock im Hinterland 157
Rohrbach 51
Romantische Waldweihnacht 172
Ruppertsberg 47

Sam Kullman's Diner 44
Schänzelturm 151
Scheibenhardt 21
Schloßplatzkino 68
Schlossruine Nanstein 22
Schönau 151
Schönfeld – Die Teegärtner 47
Schwarzer Fuchs 18
Schweighofen 52
Siebeldingen 48, 51
Silz 141
Slevogtweg 60
Spelzenhof 34
Speyer 26, 33, 104, 124, 158, 168
St. Anna Stollen 115
Steinbach a. Donnersberg 71
Steinbrüche am Pechsteinkopf 152
St. Martin 8, 63
Südpfalz-Therme 132
Sunshine Beach Bar 158

Technik Museum Speyer 104
Thallichtenberg 84, 107, 172
Theader Freinsheim 76
Theater in der Kurve 83
Thomas-Nast-Nikolausmarkt 172
Total Jump 96
Trailrunning 107
Trampolin Jump Arena 119

Urweltmuseum Geoskop 84
Venningen 37

Wachenheim 16, 18, 152
Waldschwimmbad Eisenberg 111
Wegelnburg 151
Weinessiggut Doktorenhof 37
Weingasthaus Wisser 52
Weinwinter Birkweiler 161
Weisenheim am Berg 40
Wiedemann's Weinhotel 8
Wildpark Rheingönheim 141
Wild- und Wanderpark Silz 141
Wilhelm-Hack-Museum 80
Wilhelmshof 51
Winden 52
WNSTR STORE© 64
Wolke 7 34

Ziplinepark Elmstein 92
Zur Hofschänke 52
Zürkers Hofladen 56
Zweibrücken 163

Impressum

1. Auflage 2022

Printed in Italy

MIX
Papier aus verantwortungsvollen Quellen
FSC® C015829
FSC www.fsc.org

Text: Sandra Kathe
Gestaltung Titel, U2 + U4:
Eggers + Diaper, Potsdam
Gestaltung Innenteil + U3:
Sofarobotnik – Büro für Gestaltung, Augsburg & München
Lektorat Guido Huß, Frank Müller, Stephanie Ziegler
Bildredaktion
Anja Schlatterer
Produktion
red.sign GbR, Stuttgart
Kartografie
© MAIRDUMONT, Ostfildern, unter Verwendung von Kartendaten von OpenStreetMap, Lizenz CC-BY-SA 2.0

Bildnachweise

Titelbild: Shutterstock/Jörg Steber

Fotos: archiv biosphärenhaus (103); Bildarchiv Südliche Weinstraße e.V.: Ben Wiesenfarth (147); Bioland Weingut Neuspergerhof (50 o.); Thomas Diehl (153); Donnersberg-Touristik-Verband e.V. (14, 70, 71, 117 u.); Dynamikum Science Center Pirmasens (74 ,180); emlight: Markus Hammer (Klappe innen u., 50 u.); Funpark Landau: S. Steigner (110 u.); Holiday Park (95); Felix Hormel (32, 46, 65, 137 u.); huber-images: Hans-Georg Eiben (106 o.), Frank Lukasseck (150/151); Sandra Kathe (9, 12, 13, 19, 20, 23, 24, 27, 35, 36, 39, 41, 45, 53, 54, 57, 61, 62, 73, 89, 109, 113, 125, 135, 139, 140, 143 o., 148, 159, 176, 177, 178, 179, 191); Kletterschule AdrenalinConzeptz: Jens Richter (99); Kügler-Mühle (49); laif: Gerald Hänel (100 u., 114, 133 u.); mauritius images: Erhard Hess (126 o.); mauritius images/Image Source (120); mauritius images/Westend61 (106 u., 162); Offene Kreativ-Werkstatt: Melanie Hubach (86); Pâtisserie Theodor (30); picture-alliance: Friedel Gierth (133 o.), Mika (145); picture-alliance/dpa: Uwe Anspach (10 u.); picture-alliance/imagebroker: Thomas Frey (Klappe innen o., 10 o.); Planetarium Mannheim: Christian Gaier (66); Rock im Hinterland: Anna Hinckel (156); Rudolph Rüttger (160); Shutterstock: BlurryMe (170), ByeByeSSTK & Birgit Eggers (192), Ksusha Dusmikeeva (2), Igor Normann (166), Petair (126 u.), Jörg Steber (137 o.), igor terekhov (121), Vincent Vroom (100 o.); Stadt Germersheim: (78 o.), Britta Hoff (143 u.), S. Nelles (78 u.); Stadt Kaiserslautern (110); Stadtverwaltung Speyer: Klaus Venus (169); Stand Landau in der Pfalz: Markus Hammer (173); Technik Museum Speyer (105, 181); Theader Freinsheim (77); Theater- und Kulturförderverein Hambach e.V.: Angelika Bohrmann (82); Total Jump (97); Tourismusbüro Pfälzer Bergland (42, 130); Urlaubsregion Freinsheim: Elke Metzger (17); Urweltmuseum GEOSKOP (85); Verbandsgemeinde Leiningerland: Irmgard Schwalb (129); Verein Südliche Weinstraße Annweiler am Trifels e.V.: Axel Brachat (165); Wilhelm-Hack-Museum Ludwigshafen: Sebastian Weindel (81); World of MTB: Andreas Meyer (117 o.); www.lux-kinos.de (69); www.trampolinjumparena.de (118 o.); Ziplinepark Elmstein (93)

Die Autorin

Sandra Kathe
Bei Entdeckungstouren lässt sich Sandra Kathe von kaum einer Gegend so gern überraschen wie von der Heimat ihrer Kindheit. Die verbrachte sie zwischen Rhein, Weinstraße und französischer Grenze in der Südpfalz, blieb zum Studium und heuerte als freie Journalistin bei der Rheinpfalz an. Inzwischen lebt sie in Frankfurt und sieht die Gegend mit ganz anderen Augen als früher. Und guten Wein, den weiß sie inzwischen auch zu schätzen.

Lob oder Kritik? Wir freuen uns auf deine Nachricht!
Trotz gründlicher Recherche schleichen sich manchmal Fehler ein. Wir hoffen, du hast Verständnis, dass der Verlag dafür keine Haftung übernehmen kann. Wir freuen uns aber, wenn du uns schreibst:

MARCO POLO Redaktion
MAIRDUMONT
Postfach 31 51
73751 Ostfildern
info@marcopolo.de

Bloß nicht!

Fettnäpfchen und Reinfälle vermeiden

Grenzen vergessen

Ja, ja, dem Deutschen ist nichts wichtiger als sein Recht auf Tempo. Aber: Gerade im Grenzgebiet heißt's »Uffbasse«! Ist die Straße offiziell französisch, gelten strenge Tempolimits und ein beachtlicher Bußgeldkatalog.

Trauben klauen

Früchte von den Weinbergen zu klauen ist kein Kavaliersdelikt. Gegen eine kleine Kostprobe beim Spaziergang hat keiner was, aber wenn Transportgefäße ins Spiel kommen, hört der Spaß für die Winzer auf.

Saarland-Vergleiche

Der Pfälzer Dialekt klingt wie bitte was? Komm bloß nicht auf die Idee, ihn mit der Sprache des westlichen Nachbarn zu vergleichen. Es gibt Dinge, die gehen zu weit. Punkt!

Wald vermüllen

So ein Picknick im Wald lässt das Herz doch höher schlagen. Festzustellen, dass kein Mülleimer in der Nähe ist, auch – aber ganz anders. Gefäße und Tüten zum Abtransport von Müll sollten auf deiner Packliste beim Pfälzerwald-Besuch immer ganz oben stehen.

Wochenends im Holiday Park

Es gibt Dinge, die kann man machen, muss es aber nicht ... Stundenlang in auf die nächste Runde Nervenkitzel zu warten, ist eine davon. Für einen entspannten Besuch im *Holiday Park* checkst du am besten den Ferienkalender und nimmst dir einen Tag frei.

Rotweinschorle trinken

Man soll ja den Dingen immer eine Chance geben, aber Rotwein als Schorle zu mischen haben schon viele probiert und für Bäh (!) befunden. Also: Lass den Rotwein Rotwein bleiben und greif beim Mischen zu Weiß und Rosé.